JOACHIM BAUER

DAS EMPATHISCHE GEN

JOACHIM BAUER

DAS EMPATHISCHE GEN

Humanität, das Gute und
die Bestimmung des Menschen

HERDER

FREIBURG · BASEL · WIEN

Für die Inhalte auf Webseiten Dritter übernimmt die Verlag Herder GmbH keine Haftung. Es wird lediglich auf deren Stand zum Zeitpunkt der Erstveröffentlichung dieses Buchs verwiesen.

MIX
Papier aus verantwortungsvollen Quellen
FSC® C014496

www.herder.de

Satz: Daniel Förster, Belgern
Herstellung: GGP Media GmbH, Pößneck

Printed in Germany

ISBN: 978-3-451-03348-3
ISBN E-Book (EPUB): 978-3-451-82666-5
ISBN E-Book (PDF): 978-3-451-82655-9

Meiner kleinen Enkelin Jolie Sol

INHALT

Einleitung 11

1. Was »gutes Leben« ist: Eine Ahnung aus Kinderjahren 15

2. »Social Genomics«: Gene und »gutes Leben« 19

Unser Erbgut als Klaviatur: Wer greift in die Tasten? . . . 20

Wie soziale Erfahrungen den Weg zu den Genen finden 23

Die Lebenseinstellung beeinflusst die Aktivität der Gene 25

»Das empathische Gen«: Wer aus freiem Willen hilft, aktiviert »gute Gene« 31

Kein »gutes Leben« ohne Freiheit und Freiwilligkeit 33

Gegenteil des Guten und Krankheitsverursacher: Angst und Stress 36

Gene stiften keine Moral, aber sie ermöglichen und begünstigen das Gute 38

3. Der Mensch: Auf Zuwendung und Liebe eingestellt 41

Grundmotivation soziale Verbundenheit 42

Schmerz durch Diskriminierung 45

Schmerz begünstigt Aggression 47

Voraussetzungen »guten Lebens« 48

4. Subjekt der Empathie: »Das Selbst« 51
Die Entdeckung der Selbstnetzwerke 52
Empathie: Ein integraler Teil der Person 53
Die kognitive Komponente der Empathie: Ein Beitrag der Selbstnetzwerke 55
Kinder der Empathie: Werte, Tugenden, Moral 57

5. Die emotionale Komponente der Empathie: Neuronale Resonanz 61

6. Biotope der Empathie: Erziehung, Bildung, kulturelles Leben 67
Keine Empathie ohne liebevolle Erziehung 67
Warum Kinder spielen lassen und ihnen vorlesen? 71
Kein »gutes Leben« ohne gute Schulen 72
Kein »gutes Leben« ohne kulturelles Leben 77
Bildung und Kultur: Alliierte für Frieden 81

7. Kein »gutes Leben« ohne sie: Der Empathieanspruch der Natur 83

8. »Gutes Leben« trotz Diagnose? Erkrankungen als Belastung und Chance 87
»The Median Isn't the Message«: Die Chance, der Krankheit etwas entgegenzusetzen 89
»Dem Leben eine Wendung geben« – Was heißt das konkret? 91
Gibt es eine Lust auf gesundes Leben? 93
»Gutes Leben« durch posttraumatisches Wachstum, gesunde Ernährung und Bewegungslust 94

9. Demenz durch Verlust von Lebenssinn? Wie wir vorbeugen und helfen können 97
Vaskuläre Demenz und Alzheimerkrankheit 99
Die Alzheimerdemenz als psycho-biologische Erkrankung 100

10. Empathie, Humanität und »gutes Leben«: Ein Ausblick 105
Für das Gute bestimmt, aber nicht »von Natur aus gut«: Tugenden als Wegweiser 107
Politische Rahmenbedingungen für »gutes Leben« 109
Das Internet: Mehr oder weniger zwischenmenschliche Verbundenheit? 112
»Emotionale Ansteckung« im Internet: Eine »Billigvariante« zwischenmenschlicher Resonanz 114
Eine weitere »Billigvariante« zwischenmenschlicher Resonanz: »Moralische Ansteckung« im Internet 116
Weder zahnlos noch konfliktfrei: »Neue Aufklärung« und »gutes Leben« 118

Carus Lecture 2021 123
Das »Selbst« in Krisenzeiten 123
Die Realität der Persönlichkeit: Zur Erforschung und Erkundung der neuronalen Selbstnetzwerke 127
Das »Selbst« als »innerer Arzt«: Innere Grundhaltungen beeinflussen gesundheitsrelevante Genaktivitätsmuster 131
Das »Selbst« und die Natur: Die salutogenetischen Potentiale von Naturerfahrungen 134
Schlussbemerkung 139

Notizen zum beruflichen Werdegang 141

Worte des Dankes 149

Anmerkungen 151

Tabellen 173

Zitierte Literatur 177

Personenregister 200

Sachregister 203

EINLEITUNG

Wir spüren, dass wir vor Veränderungen stehen. Wie wollen wir in die Welt von Morgen gehen? Egoistische Strategien, die gerne mit Grundgesetzen der Natur gerechtfertigt werden, stehen gegen gutes, an Tugenden orientiertes Leben und Zusammenleben. Mit diesem Buch möchte ich deutlich machen, dass der Mensch nicht nur durch seinen Geist, sondern auch durch seine Biologie ein auf Humanität – auf Menschlichkeit – ausgerichtetes Wesen ist. Eine *Sinn*-geleitete Grundhaltung gegenüber dem Leben und eine prosoziale Einstellung gegenüber seinesgleichen, also Gemeinsinn, haben beim Menschen ein positives, gesundheitsdienliches Aktivierungsmuster der Gene zur Folge. Unsere Gene sind keine Egoisten. Für »gutes Leben« bestimmt sind wir, wie ich zeigen werde, jedoch nicht nur durch unsere Gene.

Eine innere Haltung, die auf ein Sinn-geleitetes Leben eingestellt ist, entfaltet ihre Wirkungen nicht nur nach innen, sondern auch nach außen: Sie dient nicht nur unserer körperlichen und psychischen Gesundheit, sondern versetzt uns auch in die Lage, die Herausforderungen der Zukunft zu meistern. Was sollte Sinn-geleitetes und im philosophischen Sinne »gutes Leben« anderes bedeuten , als dass wir als Menschheit auf diesem Globus – im Kleinen und im Großen – gut *zusammenleben*? Wenn uns dies gelänge, dann hätten wir allen Grund, hoffnungsvoll in die Zukunft zu blicken. Ich möchte zeigen, dass wir als Menschen über die nötigen inneren Voraussetzungen verfügen, und werde darlegen, wie wir die in uns angelegten Potentiale entfalten können. Denn darauf wird es ankommen – für jeden Einzelnen, für die Gesellschaft im Ganzen und für das globale Zusammenleben.

Wir erleben die Verbreitung von Unsicherheit, Angst und Hass, von falschen Gerüchten und Legenden. Ein Blick in die Geschichte lehrt, dass Zeiten der Verunsicherung und Unruhe kein neues Phänomen sind, sondern immer wieder auftraten und dann häufig Leid – vor allem Kriege – nach sich zogen. Dies gilt es zu verhindern. Das schlimmste Beispiel der jüngeren Geschichte, an dem sich der Weg von allgemeiner Verunsicherung und Angst hin zum Krieg nachvollziehen lässt, war in unseren Breiten das Aufkommen des Nationalsozialismus und der durch ihn verursachte Zweite Weltkrieg. Frieden ist keine Selbstverständlichkeit. Die Menetekel, die Warnzeichen unserer Zeit sind der (noch nicht abgewendete) Beinahe-Untergang der amerikanischen Demokratie, der immer rücksichtslosere Aufkauf der Ressourcen dieser Welt durch große Investoren, die Klimakrise und die Desinformationsmaschine Internet. In diese Lage hinein entwickelte sich die Corona-Pandemie. Sie ist eine der Folgen der Naturzerstörung durch den Menschen. Die Corona-Pandemie war zwanzig Monate vor ihrem Ausbruch von Wissenschaftlern vorausgesagt worden,[1] jedoch ohne dass dies Aufsehen erregt hätte. Manchmal scheint es, als lebten wir in einer Wohlstands-Trance. Die fatalen Überschwemmungen im Sommer 2021 waren ein (weiterer) Weckruf. Daher ist es keine Übertreibung, wenn wir heute von einer krisenhaften Situation sprechen. Was sollen und können wir tun? Wo ist der feste Boden, auf den wir uns – als Einzelne und als Gesellschaft – stellen und von dem aus wir handeln können?

Aus Unsicherheit und lähmender Trance, aus Angst und Depression, aus Desinformation und Hass herausführen kann uns einzig und alleine eine Rückkehr zu den Fakten, zu ruhiger, wissensbasierter Betrachtung und zu einem an Werten orientierten Handeln. Zwei Disziplinen, auf die es dabei besonders ankommt, sind die Philosophie und die Medizin. Allerdings nicht jene ökonomisierte, zur Geldmaschine für Klinikkonzerne verkommene Krankenhausmedizin unserer Tage, sondern eine molekularbiologisch, neurowissenschaftlich und psychosomatisch fundierte Medizin, die den Menschen als Ganzes im Blick hat. Maßgebliche Philosophen unserer Zeit haben nicht nur die Gefahrenlage als solche, sondern auch das moralische Elend erkannt, in welches die globale Krise den Menschen unserer Zeit zu stürzen droht. Stellvertretend für seine Disziplin steht der junge Philosoph Markus Gabriel mit seinem Werk *Moralischer Fortschritt in dunklen Zeiten*[2]. Gabriel, der an der Universität Bonn lehrt, gilt in den USA als die maßgebliche philosophische Stimme unseres Landes. Als ich noch in Freiburg lehrte, war er dort – noch bevor er zum philosophischen Star avancierte – in einer von mir ins Leben gerufenen interdisziplinären Vortragsreihe[3] wiederholt mein Gast. Nach meinem Wechsel nach Berlin setzten wir unseren Dialog dort fort. Sein Aufruf zu einer »neuen Aufklärung«, die er als interdisziplinär angelegtes Projekt ausrief, meint die Abkehr vom Medienlärm und den Blick auf die Realitäten und das, was wir wirklich wissen.

In einer Zeit großer Veränderungen braucht es Hoffnung, Mut und eine an Werten orientierte Richtschnur. Ich möchte die inneren Ressourcen aufzeigen, die uns dafür zur Verfügung stehen. Wenn Markus Gabriel, wie es sich für einen Philosophen gehört, darstellte, was der Mensch *soll* (nämlich sich für das Gute einsetzen und sich dem Bösen entgegenstellen), so werde ich die Frage untersuchen, ob der Mensch das auch *kann*. Wenn Gabriel konstatiert, Ziel und Sinn des Lebens sei das (moralisch) gute Leben, dann möchte ich versuchen zu klären, ob wir als Menschen für ein (so verstandenes) »gutes Leben« bestimmt sind. Oder ob wir ständig gegen unsere wahre Natur anarbeiten müssen, wenn wir unser Leben am Prinzip der Humanität und an dem orientieren wollen, was Gabriel mit »gutem Leben« meinte. Humanität bedeutet die Ausrichtung unseres Lebens an den Idealen der Aufklärung: Befreiung des Menschen aus Unmündigkeit, Gleichwertigkeit aller Menschen und zwischenmenschliche Solidarität. Es wird jedoch nicht ausreichen, zu *wissen*, was »das Gute« ist. Es wird vor allem darauf ankommen, ob wir als Menschen Potentiale besitzen und entfalten können, das Gute auch zu *tun*. Zur Klärung dieser Frage soll dieses Buch aus neurowissenschaftlicher und psychosomatischer Sicht einen Beitrag leisten.

1. WAS »GUTES LEBEN« IST: EINE AHNUNG AUS KINDERJAHREN

Kinder ahnen, was »gutes Leben« ist. Was uns damals, in unserer eigenen Kindheit antrieb und was den Kindern heute durch die Adern fließt, war und ist eine tiefe Hoffnung, eine Gewissheit, dass das Leben ein Versprechen bereithält. Kinder fühlen, dass sie körperlich und geistig wachsen und dass sie sich selbst und die Welt entdecken werden. Dass sie Potentiale haben und dass sie diese durch Zugehörigkeit, durch Lernen und Übung entfalten können. Dass sie Kompetenzen erwerben können, die sie stolz und zufrieden auf sich selbst und ihr Leben blicken lassen.[1] »Gutes Leben« ist für Kinder nicht, irgendwo herumzusitzen, stundenlang auf Displays zu starren und sich vollzustopfen, bis nichts mehr geht – diese Tendenz zeigen Kinder erst, wenn man ihre Hoffnungen fundamental enttäuscht. »Gutes Leben« war und ist für Kinder Geistesgegenwart und Gemeinschaft, Bewegung und Erkundung, Natur und Abenteuer.[2] »Gutes Leben« war die Zeit, die Erwachsene sich zum Spielen nahmen. Es waren die Auftritte, bei denen man zeigen konnte, was man vorher geübt hatte. »Gutes Leben« war aber auch, wenn Erwachsene einem etwas freundlich erklärten, wenn es wie von alleine still wurde und man ins Nachdenken kam. Zum »guten Leben« in Kinderjahren gehörten auch Antworten auf Fragen, die mit dem

Entstehen und Vergehen des Lebens zu tun hatten – Fragen, die sich vielleicht bei der Geburt eines Geschwisters, beim Tode eines Haustieres oder beim Erleben des Sterbens eines lieben Verwandten stellten.[3]

Der Gedanke, dass das »wahre Leben« auch im Erwachsenenalter etwas mit einem ständig weitergehenden Suchen, mit persönlichem Wachstum, mit Potentialentfaltung, mit guter zwischenmenschlicher Verbundenheit, mit der Kunst, im Leben praktisch klarzukommen, aber auch mit einem Nachdenken über die großen Fragen des Lebens zu tun hat, beschäftigte bereits die Philosophen des griechischen Altertums. Einige sahen in einer solchen Einstellung die wirkliche Erfüllung und verbanden damit das Versprechen wahren Lebensglücks und echter Lebensfreude. Aristoteles (384–322 vor Christus) nannte diesen Weg zum Glücklich-Werden »Eudaimonia«[4]. Die passendste Übersetzung erscheint mir persönlich »das gute Leben« zu sein. Die Gegenposition zur Eudaimonia gibt es nicht erst in unseren, vom westlichen Wohlstand geprägten Zeiten. Der Wunsch, es einfach nur irgendwie gut zu haben, vor allem seine kurzfristigen Bedürfnisse erfüllt zu sehen und ohne große Anstrengungen zufrieden zu sein und sein Glück für sich genießen zu können – dies war das Ideal des griechischen Philosophen Aristippos (der von etwa 435 bis etwa 355 vor Christus lebte). Sein Lebensziel und -inhalt war die schlichte Lust oder Freude (griechisch: Hedoné), weshalb sein Lebenskonzept als hedonisch oder als Hedonismus bezeichnet wird. Aristoteles hätte sich gegen die Unterstellung, ihm sei nicht an der Freude gelegen, gewehrt. Er war kein Glücksverächter, im Gegenteil. Das Glücksversprechen des Lebens war für ihn nur nicht da versteckt, wo Aristippos es suchte – das hätte Aristoteles nicht gereicht.

Mit dem Aufkommen psychischer Erkrankungen in den letzten etwa zweihundert Jahren[5] sahen es auch Psychologen und

Ärzte als sinnvoll an, darüber nachzudenken, was im Leben eigentlich glücklich – und was unglücklich – macht und ob den Kranken womöglich von der Rezeptur zum Glück etwas fehlt (was man ihnen dann verstärkt nahezubringen hätte). Zu betrachten, was Menschen Übles zugestoßen ist, was sie krank machte, und zu untersuchen, welche Behandlungen hilfreich sein könnten, repräsentiert nur eine von zwei therapeutischen Strategien. Der zweite Ansatz ist die Suche nach einem Wirkfaktor, der in der Hand der Kranken liegt und zu ihrer Heilung ebenfalls beitragen kann: der eigene Lebensstil, die innere Einstellung gegenüber dem Leben (im Englischen als »mindset« bezeichnet) und sich daraus ergebende Verhaltensweisen. Über den Beitrag, den Menschen durch ihre geistige Haltung zur Gesundheit leisten können, dachte bereits Immanuel Kant nach.[6] Im Gefolge des großen Viktor Frankl[7], der ein Sinn-geleitetes Leben als den Dreh- und Angelpunkt psychischer Gesundheit betrachtete, geriet auch die Eudaimonia, das Sinn-geleitete, nach dem »Guten« strebende Leben der »alten Griechen« in den Aufmerksamkeitsfokus einer Reihe von Psychologen. Unter ihnen war auch der prominente Martin Seligman (auf den das Konzept der »erlernten Hilflosigkeit« – Englisch: »learned helplessness« – als Erklärungsmodell der Depression zurückgeht, weshalb weltweit fast alle Psychologen und Psychiater seinen Namen schon seit ihren ersten Semestern kennen).

Um eine Sinn-geleitete, eudaimonische Lebenshaltung als Einflussfaktor auf die menschliche Gesundheit untersuchen zu können, mussten ihre Merkmale so formuliert werden, dass sie für die Forschung verwendet werden konnten (siehe die Tabellen 1–3 am Ende des Buches)[8]. Nachdem zahlreiche Studien Korrelationen zwischen einer eudaimonischen Lebenseinstellung und der Bewahrung psychischer Gesundheit gefunden hatten[9] und sich zudem gezeigt hatte, dass das eudaimonische »Mindset« sogar einen neurobiologischen Fingerabdruck im Gehirn hinterlässt,[10] begannen sich nun auch Genforscher für das Thema zu interessieren: Wenn eine bestimmte Einstellung gegenüber dem Leben sich auf die Gesundheit und auf das Gehirn auswirkt, würden sich dann nicht auch Auswirkungen auf die Gene finden lassen? Die Antwort auf diese Frage wird das nächste Kapitel geben. »Social Genomics« ist ein neuer Forschungszweig, der unter anderem auch untersucht, welche Auswirkungen unseres Denkens und Handelns im sozialen Feld sich auf der Genebene beobachten lassen. Eine weit verbreitete Meinung über die Gene unterstellt ihnen »Egoismus«. Wäre diese Theorie richtig, würde man wohl vermuten, dass unsere Gene eher der hedonistischen Seite zuneigen. Das Gegenteil ist der Fall. Doch sehen wir selbst!

2. »SOCIAL GENOMICS«: GENE UND »GUTES LEBEN«

Für welches Leben sind Menschen bestimmt? Ein seit Darwins Zeiten zwischen Evolutionsbiologie und Wirtschaftswissenschaften wie in einem Ping-Pong-Spiel hin und her gespielter Ball war – und ist – das Dogma, der Mensch sei ein primär auf Egoismus, Wettbewerb und gegenseitige Verdrängung ausgerichtetes Wesen. Wäre dies der Fall, welche Aussicht auf Erfolg hätte dann das Projekt einer »neuen Aufklärung« (siehe Einleitung)? Ein Versuch, den Egoismus in der Biologie insgesamt und speziell auch beim Menschen als das vorherrschende Prinzip darzustellen, war das 1976 von Richard Dawkins veröffentlichte Buch *Das egoistische Gen*. Das Werk wurde zu einer biologischen Legitimation eines zunehmend entfesselten Kapitalismus. Der Autor hat den Sozialdarwinismus kurzerhand auf die Gene übertragen. Dawkins selbst hat nicht an Genen geforscht, was die unhaltbaren Thesen seines Buches erklären, seine verhängnisvollen Folgen aber nicht aufheben kann. Der Forschung an Genen war ein Teil meines beruflichen Lebens gewidmet. Dawkins' Behauptung eines »egoistischen« Gens ist absurd. Sie kommt mir vor, als hätte der Inhaber eines Uhrengeschäfts, nachdem er eine Schweizer Uhrenfabrik besucht hat, ein Buch mit dem Titel »Das egoistische Uhrwerkrädchen« geschrieben.

Wenn es um die Frage geht, was ein Lebewesen seiner Natur nach sei, dann gelten die Gene als eine Art höchste und letzte Instanz. Gene sind tatsächlich ungeheuer bedeutsam. Daher werde ich zunächst damit beginnen, die Bedeutung der Gene als Kommunikatoren und Kooperatoren aufzuzeigen. Gestützt auf Experimente, die in den letzten Jahren dazu durchgeführt wurden, werde ich dann darlegen, dass der Mensch »aus Sicht der Gene« nicht für ein egoistisches, sondern für ein Sinn-geleitetes, prosoziales Leben bestimmt ist.

Menschliche Gene bestehen aus einer Art gedrehtem Doppelfaden. Die Fachleute nennen diesen Doppelfaden »DNA-Doppelhelix«[1]. Wir haben es bei der DNA mit einer Struktur zu tun, deren Maße um mehr als vier Dimensionen unter der Größenordnung der Strukturen in einem Microchip liegen.[2] Sichtbar machen lässt sich die Doppelhelix, also »der Stoff, aus dem die Gene sind«, nur mit dem Elektronenmikroskop. Ein »Gen« ist diejenige Strecke des Doppelfadens, welche die Bauanleitung für *ein* Eiweiß-Molekül, das heißt für *ein* Protein enthält. Der Doppelfaden in seiner gesamten Länge einschließlich aller Gene ist das »Genom«, also das, was auch als »Erbgut« bezeichnet wird. Das Genom und seine Gene sitzen in den Zellkernen unserer Körperzellen. Da außerhalb der Zellkerne, also »draußen« im Körper, Eiweiße beziehungsweise Proteine den gesamten Stoffwechsel steuern,[3] sind die in den Genen verborgenen Protein-Baupläne von großer Bedeutung. Der Mensch hat etwa 23 000 Gene. Die Zahl der Proteine liegt beim Menschen bei etwas über 30 000. Sie ist höher als die Zahl der Gene, weil eine ganze Reihe von Genen Mehrfach-Baupläne enthalten.[4]

Unser Erbgut als Klaviatur: Wer greift in die Tasten?

Das menschliche Genom gleicht einem Klavier, das bespielt wird.[5] Die Pianistinnen und Pianisten, die an diesem Klavier spielen, sind unsere Lebensstile und die Erfahrungen, die wir im Leben machen. Zum Lebensstil gehört die Art, wie wir uns ernähren, ob und in welchem Umfang wir uns bewegen, welche Gifte oder Strahlungen auf uns einwirken, wie sauber – oder belastet – unsere Umwelt ist, wie viel Stress wir ausgesetzt sind und wie sich unsere zwischenmenschlichen Beziehungen gestalten. Psychische Stressoren und soziale Erfahrungen haben sich in den letzten Jahren als die einflussreichsten auf unsere Biologie einwirkenden Faktoren herausgestellt. Sie bestimmen sogar, wie lange wir leben. Die große Mehrheit aller Erkrankungen ist nicht erblich, sondern wird dadurch verursacht, dass die Klaviatur unserer Gene in einer Art und Weise bespielt wurde, die – um im Bild zu bleiben – zu Missklängen oder zu einer Beschädigung des Klaviers geführt hat. Was die Gesundheit des Menschen schützt, ist eine Lebensweise, die dem Klavier – unserem Körper – eine »Musik« entlockt, mit der sich unser Körper auf Dauer wohlfühlt. Diese Grundregeln der Gesundheit gelten in allen Ethnien. Jedes Gen entspricht einer Klaviertaste: Eine Taste kann unberührt, also still bleiben (in diesem Falle ist das Gen nicht aktiv). Sie kann aber auch leise oder laut angeschlagen werden (das Gen wäre dann schwach oder stark aktiviert). Gene können einzeln oder in unterschiedlichen Gruppen, schwach oder stark aktiviert werden. Die Klaviatur der Gene zu spielen, bedeutet konkret: Gene in einer gesundheitsdienlichen Weise zu aktivieren (»Aufregulation« der Genaktivität) oder zu inaktivieren (»Herabregulation« oder »Stummschaltung« der Genaktivität).[6]

Fazit: Entscheidend für Gesundheit und Krankheit des Menschen ist, von wenigen Ausnahmen abgesehen, nicht die Frage, ob jemand »gute« oder »schlechte« Gene geerbt hat, sondern wie Gene im Leben eines einzelnen Menschen in ihrer Aktivität reguliert werden. Darauf kann jeder Mensch selbst Einfluss nehmen.[7] Unser Erbgut ist ein überaus lebendiges, ständig in Bewegung befindliches System. Es nimmt »von außen« eintreffende Signale wahr und kann diese mit eigenen Reaktionen beantworten.[8] Gene sind Kommunikatoren: Das Erbgut richtet die Aktivität seiner Gene fortlaufend danach aus, welche Signale – aus der Sicht der Gene – »von außen« (von außerhalb der Zelle) eintreffen. Gene sind jedoch nicht nur Kommunikatoren. Sie sind auch Kooperatoren: Damit der Bauplan eines Gens abgelesen werden und zur Entstehung eines Proteins führen kann, müssen Dutzende von Molekülen zusammenarbeiten und beim Ablesen des Gens Hilfe leisten. Diese Helfermoleküle müssen ihrerseits von Genen hergestellt werden. Nur etwa zwei bis drei Prozent des gesamten Erbgutes bestehen aus den »eigentlichen« Genen, also aus Genen, die Baupläne für die Herstellung von Proteinen enthalten. Etwa 80 Prozent des Erbgutes besteht aus Genen, die – salopp ausgedrückt – für die Logistik zuständig sind.[9] Für die »Lieferkette«, also für die Anlieferung von Rohstoffen (Molekül-Bausteinen), für die Steuerung des Produktionsprozesses, für den geregelten Abtransport sowie für die korrekte Zustellung von Proteinen an die richtige »Lieferadresse«.[10] Viele Zellen unseres Körpers erneuern sich durch Zellteilung, auch dafür bedarf es einer komplexen Steuerung, Kommunikation und Kooperation durch Gene.

In den Kinderjahren der Erbgutforschung, als man von der Regulation der Genaktivität noch nichts wusste, war man überzeugt, Gesundheit und Krankheiten würden in einer binären Weise gesteuert (»An« oder »Aus«, »gutes« Gen oder »schlechtes« Gen). Man betrachtete Krankheiten wie die Farben der Erbsenpflanzen, an denen der tschechisch-österreichische Augustinermönch Gregor Mendel vor knapp zweihundert Jahren die Grundlagen der Vererbung erforscht hatte. Die vereinfachte Lehre von den angeblich »guten« und »schlechten« Genen hatte, da man alle Mängel auf Vererbung zurückführte, die Eugenik, den Rassismus und die verbrecherische »Vernichtung lebensunwerten Lebens«[11] zur

Folge. Dafür ist der verdienstvolle Gregor Mendel natürlich nicht haftbar zu machen, er hätte diese unmenschliche Entwicklung als Christ entschieden abgelehnt. Psychosozial und psycho-somatisch bedingte Störungen wie Suchtkrankheiten, Verhaltensstörungen bei Kindern sowie sämtliche psychischen Erkrankungen wurden bis vor gar nicht so langer Zeit zu Erbkrankheiten erklärt, ebenso wie viele körperliche Erkrankungen (Übergewicht, Bluthochdruck, Diabetes, Herzkrankheiten, Anfälligkeit für Infektionen unter anderen). Von allen diesen Erkrankungen wissen wir heute, dass sie ihre Ursachen überwiegend in den Lebensumständen haben, die einem Menschen zugefügt (oder von ihm gewählt) wurden. Zu den verheerenden Irrtümern des Rassismus gehört auch, dass den Ethnien dieser Welt (Afrikanern, indigenen Amerikanern, Asiaten, Kaukasiern[12]) Genome unterschiedlicher Wertigkeit unterstellt wurden. Leider stand auch der große Charles Darwin für diese Irrtümer, die allerdings weit vor seine Zeit zurückreichen, Pate. Die wissenschaftlich unhaltbaren Ansichten des Rassismus wurden wie eine Wissenschaft gehandelt. Sie wurden über mehr als hundert Jahre – bis in die jüngste Zeit hinein – in die Köpfe eingetrichtert und sind bis heute der Nährboden für Ausgrenzung, Hass und Kriege. Was hier alleine helfen kann, ist Aufklärung (im Rahmen der eingangs geforderten »neuen Aufklärung«) und bessere Bildung für alle Kinder.

Wie soziale Erfahrungen den Weg zu den Genen finden

Bevor wir Untersuchungen über den Zusammenhang zwischen einer Sinn-geleiteten, prosozialen Lebenseinstellung und Veränderungen im Genaktivitätsmuster näher unter die Lupe nehmen, sollten wir uns an einem gut erforschten Beispiel anschauen, wie es sein kann, dass nichtstoffliche soziale Erfahrungen wie beispielsweise seelischer Stress den Weg in den Körper, in die Körperzellen und bis hinein zu den Genen finden. Der Köper besitzt die Fähigkeit, auf soziale Erfahrungen mit biologischen Veränderungen zu reagieren oder, anders ausgedrückt, Psychologie in Biologie zu verwandeln. Aber wie? Wie kann es sein, dass Einsamkeit, soziale Isolation, zwischenmenschliche Konflikte oder sonstiger psychischer Stress die Aktivierung von Stressgenen zur Folge hat? Beispielsweise wird eine potentiell bedrohliche soziale Isolation durch unsere Sinne (vor allem Sehen und Hören) wahrgenommen und im Stirnhirn bewertet. Über Nervenbahnen, die vom Stirnhirn zu den Angstzentren, den sogenannten Amygdalae ziehen, kommt es zu einer Aktivierung dort sitzender Nervenzellen, die daraufhin einen Angstbotenstoff mit dem Namen Glutamat ausschütten. Manchmal werden die Angstzentren von den Sinnesorganen (wiederum vor allem Sehen und Hören) unter Auslassung des Stirnhirns direkt aktiviert (dies ist vor allem in der Kindheit und im späteren Leben bei plötzlich eintreffenden heftigen Signalen der Fall). Das von den Nervenzellen der Angstzentren freigesetzte Glutamat aktiviert Nervenzellen in einer benachbarten Hirnregion namens Hypothalamus, was zur Folge hat, dass es in den dort sitzenden Nervenzellen zur Aktivierung eines Stressgens namens CRH[13] und zur Bildung des Proteins CRH kommt. Menschen, bei denen in Stressreaktionen am Hals rote Flecken auftreten, verdanken dies dem Stressbotenstoff CRH. Eine Folge von CRH ist der Anstieg des Stresshormons Cortisol, dessen Ansteigen kurz nach einem erlebten Stressereignis in allen Körperflüssigkeiten gemessen werden kann. Der ganze Vorgang, von der Wahrnehmung einer Gefahr bis zur biologischen Stressreaktion, dauert meistens nur wenige Sekunden.

Fazit: Der menschliche Körper verwandelt Psychologie in Biologie. Mit Forschungsergebnissen, die einen Zusammenhang zwischen einerseits der sozialen oder psychischen Realität des Menschen und andrerseits seinem Körper beziehungsweise seinen Genen nachweisen, verhält es sich ähnlich wie mit der Klimaforschung: Obwohl gesicherte wissenschaftliche Daten vorhanden sind, die ein klares Zeugnis über die Realität ablegen, gibt es Menschen, die es vorziehen, solche Daten trotzdem zu ignorieren oder zu leugnen. Im Falle der Klimaerwärmung finden sich die Ignoranten und Leugner vor allem bei denen, die weiter ungestört ihre klimaschädlichen Geschäfte machen oder weiter maßlos konsumieren wollen.[14] Bei der Leugnung von Erkenntnissen der sozialen Neurowissenschaften und der Psychosomatischen Medizin verhält es sich nicht anders. Psychosomatische Zusammenhänge werden vor allem in jenen Bereichen der Medizin nicht beachtet, wo die Befassung mit psychosozialen Ursachen von Gesundheitsstörungen die guten Geschäfte des Medizinbetriebs und der Pharmaindustrie stören würde. Stress, Einsamkeit, soziale Isolation, Angst und Depression gehören zu den bedeutsamsten Verursachern körperlicher Erkrankungen. Sie verkürzen, wie mehrere epidemiologische Studien nachweisen konnten, das Leben des Menschen im gleichen Ausmaß wie das Rauchen und andere gesundheitsschädliche Verhaltensweisen.[15] Umso wichtiger ist, dass Erkenntnisse darüber, was wir als Einzelne selbst tun können, um unsere Gesundheit zu schützen, den Weg in die Breite finden.

Die Lebenseinstellung beeinflusst die Aktivität der Gene

Die Entdeckung, dass die innere Grundeinstellung, die ein Mensch gegenüber seinem Leben und seinen Mitmenschen einnimmt, die Aktivität von Genen beeinflusst und sich auf das Erkrankungsrisiko auswirkt, war ein Durchbruch und eine echte Sensation. Wie kam es zu diesen Erkenntnissen? Die große Mehrheit der Erkrankungen, mit denen Menschen heute eine Ärztin oder einen Arzt aufsuchen, sind die Folge einer Entzündung. Entzündungen sind Abwehrreaktionen, die der Körper selbst in Gang setzt, um sich mit einer Schädigung auseinanderzusetzen. Mögliche Schädigungen, die mit einer Entzündung beantwortet werden, sind Verletzungen, Infektionen[16], Strahlung[17], Gifte, Allergene und psychischer Stress[18]. Entzündungen werden in Gang gesetzt, indem der Körper Gene für die Herstellung von Entzündungsbotenstoffen aktiviert. Einer dieser Entzündungsbotenstoffe ist Interleukin-6 (IL-6), an dessen Entdeckung und weiterer Erforschung ich als junger Forscher an der Universität Freiburg und am Mount Sinai Medical Center in New York City beteiligt war. Es ist also nicht die Schädigung selbst, sondern *der eigene Körper*, der – sobald er etwas als schädigend wahrnimmt – Entzündungsbotenstoffe herstellt und das Entzündungsgeschehen startet.

Entzündungen sind eine Medaille mit zwei Seiten. Bei einer akuten Schädigung wie im Falle einer Infektion oder nach einer Verletzung ist die Entzündungsreaktion, auch wenn sie den Menschen vorübergehend schwächt und sich krank fühlen lässt, ein notwendiger, unverzichtbarer Teil der Heilung. Die andere, dunkle Seite der Medaille wurde erst in den letzten Jahren entdeckt: Es gibt nicht nur die akute, heilende, sondern auch eine unheilvolle, schleichende und für die betroffenen Menschen kaum wahrnehmbare Entzündungsreaktion. Chronische (also langanhaltende) und subakute (kaum oder gar nicht wahrnehmbare) Entzündungsreaktionen fliegen sozusagen »unter dem Radar« – so lange, bis plötzlich und unerwartet doch etwas auf dem Schirm auftaucht: zum Beispiel die Symptome einer schweren Arterienverkalkung, ein Krebsleiden oder eine

Demenzerkrankung. Herzinfarkte[19], Schlaganfälle[20], zahlreiche Krebserkrankungen[21] und Demenzen[22] sind, wie sich erst in den letzten Jahren herausstellte, die Folge schleichender, chronisch-subakuter Entzündungen.

Die moderne Gentechnik machte es möglich, unheilvoll »unter dem Radar fliegende«, hinsichtlich ihrer möglichen Folgen bösartige chronische Entzündungen zu erkennen. Die traditionell übliche Messung der veränderten Aktivität eines einzelnen Gens ergibt hier keinen Sinn, da an einer chronischen Entzündungsreaktion zahlreiche Gene teilnehmen. Bei der Messung nur eines einzelnen Gens können – aus verschiedenen Gründen – immer einmal zufällige »Ausreißer«-Werte (sowohl nach unten als auch nach oben) vorkommen, die dann leicht zu falschen Annahmen führen. Die Lösung bestand darin, die Aktivität der etwa fünfzig wichtigsten Gene, die bei einer chronischen, langfristigen Entzündung (mit der möglichen Folge einer ernsten Erkrankung) mitwirken, *gemeinsam* unter die Lupe zu nehmen, also ihre Aktivitäten in einem Aufwasch zu messen.[23] So kam es zur Entwicklung einer Technik, mit der sich beim gesamten »Club der Risikogene« die veränderte Genaktivität messen ließ. »Club der Risikogene« ist eine von mir gewählte saloppe Bezeichnung, mit der wir vermeiden, jedes Mal den wissenschaftlichen Fachbegriff »CTRA-Response« verwenden zu müssen (diesem »Club« gehören genau 53 Gene an).[24] Dass bekannte Krankheitsrisiken wie das Rauchen[25], der Konsum von Alkohol[26], Stress (und vermutlich auch der Verzehr von Fleisch)[27] den potentiell schädlichen »Club der Risikogene« aktivieren, ist keine Überraschung. Eine Sensation war, dass es nicht nur die genannten altbekannten Übeltäter wie Tabak und Alkohol sind, die unserer Gesundheit langfristig Schaden zufügen können, sondern auch die (fehlende) philosophische Einstellung gegenüber dem Leben.

Als die allererste Veröffentlichung über die Auswirkung der inneren Grundeinstellung eines Menschen auf die Aktivität des »Clubs der Risikogene« erschien,[28] war das Aufsehen, wie nicht anders zu erwarten, groß, zumal die Untersuchung in den *Proceedings of the National Academy of Sciences,* einem der weltbesten Wissenschaftsjournale, publiziert worden war. Was hatte die Studie ergeben? Bei über 70 gesunden Erwachsenen war zunächst mittels eines wissenschaftlichen Fragebogens – für jede Probandin und jeden Probanden jeweils einzeln – erkundet worden, inwieweit es den Versuchsteilnehmern in ihrem Leben wichtig sei, einfach nur glücklich und zufrieden zu sein. Oder inwieweit ihnen daran gelegen sei, dass ihr Leben – über das momentane Wohlbefinden hinausgehend – einen Sinn haben solle und ob ihnen wichtig war, einen Beitrag zur Gesellschaft leisten zu können – ein Aspekt, den man als »Gemeinsinn« bezeichnen könnte.[29] Eine Haltung, die primär darauf abzielt, das Leben einfach nur zu genießen, wird, wie bereits erwähnt, unter Rückgriff auf einen von den Philosophen des klassischen Griechenland geprägten Begriff als »hedonisch« oder »hedonistisch« bezeichnet. Das Bemühen eines Menschen, ein Sinn-geleitetes, »gutes« oder gelingendes Lebens zu führen, nannte man im klassischen Griechenland »eudaimonisch«. Eine hedonische oder eine eudaimonische Grundhaltung gegenüber dem Leben müssen sich nicht ausschließen, wie sich auch in der Untersuchung zeigte. Bei denjenigen Teilnehmerinnen und Teilnehmern jedoch, bei denen die eudaimonische Haltung klar überwog, war die Aktivität der – unter gesundheitlichen Aspekten problematischen – Risikogene signifikant vermindert. Bei den primär hedonischen Probanden dagegen waren die Risikogene aktiviert. Verfälschende Einflüsse durch Rauchen und Alkoholkonsum wurden statistisch berücksichtigt und konnten so ausgeschlossen werden.

Dass die innere Einstellung eines Menschen gegenüber dem Leben – also Geist – Auswirkungen auf seinen Körper – also

Materie – haben könne, musste für alle diejenigen ein Affront sein, die lebendige Organismen einfach nur als Maschinen oder als Fahrzeuge betrachten, die sozusagen aus chemischen und physikalischen Lego-Bausteinen zusammengesetzt sind. Daher dauerte es nicht lange, bis die Erstveröffentlichung von einigen Kollegen, unter Beteiligung notorisch neuro-kritischer anonymer Akteure wie dem Blog »Neuroskeptic«, in Frage gestellt wurde, allerdings ohne eigene Daten vorzulegen.[30] Die Autoren der Erstveröffentlichung, Barbara Fredrickson und Steven Cole, wiederholten ihre Studie daher mit über 120 weiteren Probandinnen und Probanden, wobei sie zusätzliche Fragebögen verwandten und die sonstigen Einwände der Kritiker an ihrer Erstveröffentlichung ausführlich berücksichtigten.[31] Erneut wurden auch mögliche Störfaktoren wie das Rauchen, der Konsum von Alkohol sowie die Zugehörigkeit zu einer bestimmten Ethnie beachtet – wie schon in der vorangegangenen Untersuchung. Fredrickson und Cole konnten die Ergebnisse ihrer ersten Studie in vollem Umfang bestätigen: Menschen mit einer eudaimonischen, Sinn-geleiteten, prosozialen Einstellung zeigten eine verminderte Aktivität der Risikogene, also ein Gen-Aktivierungsmuster, welches mit einem verminderten Krankheitsrisiko für Herzinfarkte, Schlaganfälle, Krebs- und Demenzerkrankungen verbunden war. Mit diesen Untersuchungen (und vielen weiteren dieser Art) erblickte ein neuer Wissenschaftszweig das Licht der Welt – sein Name: »Social Genomics«[32]. Was heißt, dass die Art, wie wir als soziale Wesen zusammenleben und wie wir über dieses Zusammenleben denken,[33] in den körperlichen Strukturen seinen Niederschlag findet.

Noch im gleichen Jahr legte der Pionier der »Social Genomics«-Forschung, Steven Cole, mit einer weiteren Studie[34] nach: Ihn interessierte, ob sich bei älteren Menschen, die bekanntermaßen oft durch Einsamkeit belastet sind, fehlender sozialer

Kontakt negativ, also gesundheitsschädlich auf das Genaktivitätsmuster auswirkt. Zusätzlich dazu wollte er herausfinden, ob eine Sinn-geleitete innere Einstellung bei älteren Menschen ein Gegengewicht gegen die Effekte der Einsamkeit darstellen kann und günstige Einflüsse auf die Genaktivität hat. Dazu untersuchte er über 100 ältere Menschen mit einem Durchschnittsalter von 73 Jahren. Er bestimmte das von den Probandinnen und Probanden erlebte Maß an Einsamkeit, das Vorhandensein (oder Fehlen) einer eudaimonischen Einstellung gegenüber dem Leben und die Aktivität der Risikogene. Die Ergebnisse dieser Untersuchung zeigten einerseits, dass Einsamkeit im Alter das Genaktivitätsmuster des »Clubs der Risikogene« tatsächlich negativ beeinflusst. Andererseits waren ältere Menschen dann, wenn sie eine eudaimonische und prosoziale Einstellung verinnerlicht hatten, vor den negativen Effekten der Einsamkeit in einem erheblichen Ausmaß geschützt. Eine Sinn-geleitete Einstellung gegenüber dem eigenen Leben zu haben, hat bei älteren Menschen zudem einen *eigenständigen* positiven Effekt auf das Gen-Aktivierungsmuster. Bei Vorliegen einer eudaimonischen Haltung waren die Risikogene, von denen langfristig potentiell schädliche Folgen ausgehen, in ihrer Aktivität reduziert.

Die Tür zu weiteren Studien war geöffnet. Inspiriert durch die vorliegenden Erkenntnisse, wollten einige Forscherkolleginnen und -kollegen wissen, ob Änderungen im Verhalten eines Menschen zu Änderungen im Aktivitätsmuster der Risikogene führen. Über 150 gesunde Erwachsene wurden eingeladen, für ein geringes Probandenhonorar an einem vierwöchigen Experiment teilzunehmen, bei dem die Versuchspersonen nach dem Zufallsprinzip in vier Gruppen eingeteilt wurden.[35] Eine der vier Gruppen wurde gebeten, im Verlauf der vier Wochen mehrfach pro Woche *einem anderen Menschen* – sei es ein/e Kollege/in, ein/e Nachbar/in oder ein/e Bekannte/r – spontan etwas Gutes zu tun, ihm oder ihr zum Beispiel einen kleinen Gefallen zu erweisen oder mit einer kleinen Gefälligkeit eine Freude zu machen. Einer zweiten Gruppe wurde aufgetragen, in gleicher Häufigkeit *speziell nur für sich selbst* etwas Gutes zu tun. Die dritte Gruppe erhielt den Auftrag, *»der Menschheit«* etwas Gutes zu tun, zum Beispiel etwas von der Straße aufzuheben und in einen Abfallkorb zu werfen oder Ähnliches. Die vierte Gruppe erhielt keinen spezifischen Auftrag. Die Teilnehmerinnen und Teilnehmer aller vier Gruppen wurden gebeten, während der vier Wochen ein Protokoll über ihren Tagesablauf zu führen. Bei allen wurde zu Beginn und am Ende des Versuchs das – hinsichtlich seiner Folgen potentiell schädliche – Aktivitätsmuster des »Clubs der Risikogene« gemessen. Was war das Ergebnis? Die Gruppe derer, die gebeten worden war, konkreten anderen Menschen Gutes zu tun, zeigte eine markante Verminderung des (potentiell schädlichen) Aktivitätsmusters. Bei den anderen drei Gruppen war dies nicht der Fall.[36] Fazit: Humanität, also anderen Menschen Gutes zu tun, aktiviert ein genetisches Muster, das unseren Körper vor chronischem Entzündungsverschleiß schützt und die Gesundheit bewahren hilft.

»Das empathische Gen«: Wer aus freiem Willen hilft, aktiviert »gute Gene«

An einem warmen Sommerabend des Jahres 2019 – in der seligen Vor-Corona-Zeit – saß Steve Cole, der bereits erwähnte Pionier der »Social Genomics«-Forschung, mit mir in Hamburg im Garten von Tim Mälzers »Bullerei«. Wir sprachen über den von mir bereits erwähnten Immunbotenstoff mit Namen Interleukin-6, an dessen Entdeckung und Erforschung ich beteiligt gewesen war[37] und der zum »Club der Risikogene« gehört. Als ich ihm von Projekten erzählte, die ich seit 20 Jahren an Schulen durchführe,[38] berichtete mir Steve von einem Experiment, das mich begeisterte. Die Ergebnisse dieser Studie wurden ein Jahr später veröffentlicht.[39] Worum ging es? Nicht anders als bei uns, so haben auch in den USA viele Schülerinnen und Schüler große Probleme mit der Motivation, mit ihrer Konzentration und mit ihrem Sozialverhalten. Was diese Kinder brauchen, ist Beziehung (siehe dazu auch Kapitel 6). Sie brauchen einen Menschen, der sie begleitet, der ihnen das Gefühl gibt, dass es nicht egal ist, wie sie sich entwickeln, der sie liebevoll korrigiert und ihnen Grenzen setzt, wenn sie mit ihrem Verhalten rote Linien überschreiten. Um etwas für diese Kinder zu tun, startete Kalifornien das sogenannte »Generation Xchange Program«: Menschen in einem Alter über 50 Jahre können sich, wenn sie nicht (mehr) im Arbeitsleben stehen, im Rahmen eines einwöchigen Kurses zu Schulbegleiterinnen oder Schulbegleitern ausbilden lassen. Sie werden dann einem Schulkind im Alter von acht bis neun Jahren zugeordnet, welches sich in besonderen familiären oder schulischen Schwierigkeiten befindet. Die Dauer der Schulbegleitung erstreckt sich über neun Monate, mit einem Einsatz von zehn Stunden wöchentlich. Damit die Schulbegleiterinnen und Schulbegleiter sich mit ihrer herausfordernden Aufgabe nicht alleingelassen oder überfordert fühlen, nehmen sie jede Woche an einer Supervision teil. Was für ein Programm! Steve Cole und Theresa Seeman, eine junge Nachwuchsforscherin, hatten nun die Idee, die Schulbegleiter ihrerseits (wissenschaftlich) zu begleiten.

Bei Personen, die sich als Schulbegleiterinnen oder Schulbegleiter gemeldet hatten, wurde zu Beginn ihres Einsatzes und dann nach drei und erneut nach neun Monaten, also zum Abschluss des Programms, untersucht, für wie sinnhaft sie ihr Leben empfinden und wie es um die Aktivität ihrer Risikogene bestellt war. Zunächst zeigte sich, dass die Mentorinnen und Mentoren im Verlauf des Projektes eine markante Zunahme des Gefühls erlebten, dass ihr Leben einen Sinn habe. Auch das Gefühl, mit ihren Mitmenschen in einer besseren inneren Verbindung zu stehen, hatte sich verstärkt. Wenn man bei jedem Mentor beziehungsweise jeder Mentorin einzeln die Aktivitäten der Risikogene über die drei Messzeitpunkte hinweg analysierte, dann zeigte sich durchgehend eine drastische Abnahme der (potentiell gesundheitsschädlichen) Genaktivität. Eine deutliche, signifikante Abnahme des Risikomusters (im Sinne einer Verbesserung der Situation) war bereits nach drei Monaten zu beobachten. Wurden die in der gesamten Gruppe beobachtete Zunahme des Sinnerlebens und des Erlebens von Verbundenheit in Beziehung zur Abnahme der Aktivität des »Clubs der Risikogene« gesetzt, so zeigte sich zwischen den Veränderungen eine ausgeprägte und statistisch hoch signifikante Korrelation. Dies bedeutet nicht mehr und nicht weniger als Folgendes: Menschen, die – wie die Mentorinnen und Mentoren – Gemeinsinn entwickeln und anderen Menschen aus freien Stücken helfen, tun nicht nur anderen Gutes. Sie verbessern nicht nur ihre eigene Lebensqualität und ihr psychisches Befinden. Sie rufen, indem sie Gutes tun, im eigenen Körper ein Genaktivitätsmuster hervor, welches das Risiko für Herz-Kreislauf-, Krebs- und Demenzerkrankungen vermindert.

Kein »gutes Leben« ohne Freiheit und Freiwilligkeit

Von überragender Bedeutung für die Eudaimonia, also für den Versuch, ein gelingendes, »gutes« Leben zu führen, ist die *Freiwilligkeit*. Das Bemühen um ein Sinn-geleitetes Leben kann nicht verordnet werden, es kann nur Ausdruck eines authentischen eigenen Wollens sein. Sich nur deshalb prosozial zu verhalten, weil antisoziales Verhalten zu Nachteilen führen würde, muss nicht schlecht sein – mit Eudaimonia hätte das allerdings nichts zu tun. Gelingendes, »gutes« Leben bemisst sich nicht an der Zahl der – womöglich unter moralischem oder anderweitigem Druck vollbrachten – guten Taten, sondern aus einer tiefen inneren Liebe zu einem durch Sinnhaftigkeit und Humanität gekennzeichneten »guten Leben« und zu gelingendem sozialen Zusammenleben. Der Wunsch, seinem Leben einen Sinn zu geben, entspringt nicht dem Wunsch, ein besserer Mensch als andere sein zu wollen, sondern ist Ausdruck einer frei gewählten fürsorglichen Haltung sich selbst gegenüber. Es ist die Freiwilligkeit, welche die Tugend vom Tugendterror trennt.[40] Die besondere Bedeutung der Freiwilligkeit zeigte sich an einer interessanten Untersuchung, in welcher der Zusammenhang zwischen einer Sinn-geleiteten Lebenseinstellung und der Genaktivität der Risikogene an Probandinnen und Probanden in Korea untersucht wurde, einem Land, das zu den sogenannten Gemeinschaftskulturen zählt. In Gemeinschaftskulturen sehen einzelne Menschen ihre Identität weniger darin, sich durch Individualität oder Einzigartigkeit von anderen Menschen zu unterscheiden, sondern darin, einer Gruppe (zum Beispiel der Familie, der Firma des Arbeitgebers oder dem eigenen Land) anzugehören. Menschen in Gemeinschaftskulturen tendieren dazu, die soziale Anpassung im Vergleich zur individuellen Autonomie als das moralisch höherstehende Gut anzusehen.[41]

Was also bedeutet die Entscheidung für ein eudaimonisches, »gutes« Leben in einer Gemeinschaftskultur? Die bereits erwähnte Studie aus Südkorea gibt dazu eine Auskunft. Mehr als 150 Koreanerinnen und Koreaner zwischen 20 und 69 Jahren und einem bei 45 Jahren liegenden Altersdurchschnitt wurden hinsichtlich der Ausprägung einer Sinn-geleiteten, prosozialen Grundhaltung befragt. Zugleich wurde das Genaktivitätsmuster der Risikogene bestimmt, deren Aktivität, wie bereits mehrfach erwähnt, das Langzeitrisiko für verschiedene Erkrankungen – für

Herz-Kreislauf-Erkrankungen, Krebs und Demenzen – erhöht. Die zur Bestimmung der Ausprägung einer Sinn-geleiteten Lebenseinstellung verwendeten wissenschaftlichen Fragebögen erfassen verschiedene, zum »guten Leben« gehörende Dimensionen.[42] Eines der Kriterien, welches der Fragebogen für eine eudaimonische Haltung erfasst, ist das Erleben von Autonomie. Dies macht Sinn, denn wie sollte jemand sein Leben als Sinn-geleitet erleben, wenn er – oder sie – das eigene Leben nicht selbst bestimmen kann, zumindest zu einem gewissen Grad? Wie schon bei den anderen Studien zeigte sich auch bei den koreanischen Probandinnen und Probanden eine enge Korrelation zwischen eudaimonischer Grundhaltung und einem günstigen Genaktivitätsmuster. Am stärksten ausgeprägt war bei diesen Probandinnen und Probanden jedoch die Korrelation zwischen günstigem Genaktivitätsmuster und der *Autonomie-Dimension* eines Sinn-geleiteten Lebens.

Das Subjekt eines eudaimonischen, »guten« Lebens ist die Person, das »Selbst« des Menschen. Die Person eines Menschen ist immer beides, Individuum und Teil eines »Wir« (Näheres dazu siehe Kapitel 4). Gemeinschaftskulturen zeichnen sich dadurch aus, dass das »Selbst« des einzelnen Menschen sich mit dem »Wir« der Gruppe stärker überlappt als bei Menschen, die in individualistischen Kulturen sozialisiert sind.[43] Dass für Menschen, die in einem dem Gemeinschaftssinn besonders verpflichteten Land aufgewachsen sind, der Autonomie eine besondere Bedeutung für ein Sinn-geleitetes, »gutes« Leben zukommt, wie sich in der genannten Studie aus Korea zeigte, unterstreicht die Bedeutung der Freiwilligkeit für ein eudaimonisches Leben. Die Annahme ist naheliegend, dass eine eudaimonische, Sinn-geleitete Haltung nur dann eine innere Top-down-Wirkung in die biologischen Grundstrukturen des eigenen Körpers hinein erzeugen kann, wenn sie der authentische Ausdruck der individuellen, autonomen Haltung der Person ist.

Fassen wir die bisher dargestellten neuen Erkenntnisse zusammen: Die gemeinsame Endstrecke auf dem Weg zu den häufigsten Erkrankungen unserer Zeit sind »unter dem Radar fliegende«, sich schleichend entwickelnde chronische Entzündungen. Der verhängnisvolle Weg zur Entwicklung einer solchen schleichenden chronischen Entzündung wird durch eine Gruppe von Genen gebahnt, die wir als »Club der Risikogene« bezeichnet haben.[44] Ein Teil dieser Gene produziert Entzündungsbotenstoffe, unter ihnen auch das von mir erforschte Interleukin-6. Die entscheidende Entdeckung der »Social Genomics«-Forschung war, dass eine Sinn-geleitete, eudaimonische Lebenseinstellung und ein aus freien Stücken getätigtes soziales Engagement eine Dämpfung der Aktivitäten der Risikogene zur Folge hat.

Gegenteil des Guten und Krankheitsverursacher: Angst und Stress

Um den neu entdeckten Zusammenhang zwischen einer eudaimonischen Lebenseinstellung und einem bestimmten genetischen Aktivitätsprofil, wie es durch die »Social Genomics«-Forschung ans Licht geholt werden konnte, weiter abzusichern, würden Wissenschaftlerinnen und Wissenschaftler als Nächstes gerne eine Art Gegenprobe machen: Würde es zu einer Aktivierung der unheilvollen Risikogene kommen, wenn man Testpersonen veranlassen würde, sich eine egoistische Lebenseinstellung zu eigen zu machen, die einem eudaimonischen, »guten« Leben entgegengesetzt wäre? Wie würde sich der »Club der Risikogene« verhalten, wenn man Menschen bitten würde, absichtsvoll »Böses« zu tun? Selbstverständlich verbieten ethische Gründe Experimente dieser Art. In unserem Falle wären sie aber auch gar nicht nötig, da eine an der Harvard Universität durchgeführte

Untersuchung auf die Frage, was denn das »Böse« sei, das eine chronische Entzündung ins Laufen bringt, bereits eine mehr als erschöpfende Antwort geben konnte.[45]

Knapp 300 Personen im Alter zwischen 45 und 65 Jahren, bei denen bislang weder eine Herz-Kreislauf-Erkrankung noch ein Krebsleiden festgestellt worden war, wurden für diese Studie rekrutiert und über einen Zeitraum von vier Jahren begleitet, beobachtet und untersucht. Das Ziel der Harvard-Kollegen war, (1.) zu Beginn des vierjährigen Beobachtungszeitraums zu prüfen, ob und in welchem Ausmaß im Körper der bis dahin medizinisch unauffälligen 293 Probandinnen und Probanden eine schleichende, »unter dem Radar fliegende« Entzündung vorhanden war; (2.) im weiteren Verlauf der vier Jahre zu beobachten, ob sich daraus Krankheitsereignisse entwickeln würden; und (3.) Hinweise darauf zu finden, wodurch die chronische Entzündung verursacht worden war. Die Methode, mit der das Vorliegen einer schleichenden chronischen Entzündung geprüft wurde, basierte in dieser Studie nicht auf der Untersuchung von Genaktivitäten, sondern auf der sogenannten PET-Methode[46], einer bildgebenden Sichtbarmachung von Veränderungen des Stoffwechsels. Parallel dazu wurde bei allen Probandinnen und Probanden mit geeigneten wissenschaftlichen Methoden erfasst, in welchem Ausmaß sie psychischen Stress erlebten. Die Ergebnisse der Untersuchung waren nicht weniger sensationell als jene der Risikogenstudien: Ursache der Entwicklung und Ausbreitung einer schleichenden Entzündung sind die Angstzentren des Gehirns (die sogenannten Corpora amygdaloidea) und das mit ihrer Überaktivierung korrelierende Stresserleben der Testpersonen. Je stärker die Aktivität der Angstnetzwerke und der von den Probandinnen und Probanden erlebte Stresslevel war, desto stärker ausgeprägt war die im gesamten Körper, vor allem an den Innenwänden der Blutgefäße, ablaufende Entzündungsaktivität.

Die Aktivierung der Angstnetzwerke, das Stresserleben und das Entzündungsgeschehen wiederum standen in einem direkten Verhältnis zur Anzahl der im Beobachtungszeitraum der Studie neu aufgetretenen Erkrankungen.[47]

Damit wird nun klar, was aus Sicht des menschlichen Körpers das Gegenteil von »gutem Leben« ist: alles, was dem Menschen Angst macht und ihn in Stress versetzt. In den nachfolgenden Kapiteln werde ich deutlich werden lassen, was hier ins Gewicht fällt: ungewollte Einsamkeit, soziale Ausgrenzung oder Isolation; Überforderung oder zu hoher Leistungsdruck; Demütigung oder Bedrohungen; Misshandlungen oder Missbrauch; ohne Frage auch ein Mangel an Nahrung, das Fehlen einer sicheren Unterkunft oder ungewollte Arbeitslosigkeit.[48] In unserer realen, durch Überbevölkerung, begrenzte Ressourcen und die Notwendigkeit zu arbeiten gekennzeichneten Welt ist das Auftreten von Ungerechtigkeiten, Neid und sich daraus entwickelnden Konflikten leider unvermeidlich. Sie sind die Herausforderungen, denen sich Menschen, die vom Wunsch nach einem Sinn-geleiteten, »guten« Leben geleitet sind, stellen müssen. »Gutes Leben« bedeutet nicht ständiger Überfluss und endlose Bequemlichkeit. Der Prüfstein ist, ob es uns gelingt, mit Engpässen, mit Unrecht, mit negativen Gefühlen und Konflikten umzugehen und in jeder neuen Situation Lösungen zu finden, mit denen alle jeweils Beteiligten ohne Angst und Stress leben können.

Gene stiften keine Moral, aber sie ermöglichen und begünstigen das Gute

Was haben wir gelernt, was können wir auf unserem Weg in die Welt von Morgen mitnehmen? Gene stiften keine Moral, sie reagieren aber auf eine Sinn-geleitete, menschenfreundliche, prosoziale Einstellung gegenüber dem Leben. Da sie uns nichts in den Weg legen, »gut« zu sein, *ermöglichen* sie das Gute. Weil sie die Liebe zum Guten mit einem Aktivitätsmuster beantworten, welches unserer Gesundheit zuträglich ist, *begünstigen* sie das Gute. Was aber »gutes Leben« ist, können uns die Gene nicht sagen. Dies muss der Mensch selbst in einem niemals endenden Suchprozess mit seinesgleichen herausfinden. Die Experten für das gemeinsame Nachdenken der Menschheit über das Gute sind die Philosophen. Wir sollten nicht alles glauben, aber hören und reflektieren, was sie uns sagen. Eine Definition des »Guten«, auf die sich die Menschheit heute einigen kann und einigen sollte, sind die Werte der Aufklärung: Befreiung des Menschen aus Unmündigkeit, Gleichwertigkeit aller Menschen und zwischenmenschliche Solidarität. Diese Werte sind es, die der Philosoph Markus Gabriel als »moralische Tatsachen« bezeichnet (siehe Einleitung).

Die Gene verpflichten den Menschen nicht zum Guten. Der Mensch ist frei. Er hat die Freiheit, auch böse zu handeln. Böse ist, was den Forderungen der Aufklärung zuwiderläuft. Der lange Weg der Menschheit zur weltweiten Einlösung der Ziele der Aufklärung – Freiheit, Gleichheit, Brüderlichkeit – ist bei Weitem noch nicht abgeschlossen. Fortschritte, die auf diesem Weg gemacht wurden, mussten – und müssen nach wie vor – mit unendlichen Opfern an Menschenleben bezahlt werden. Daher ist das Böse tatsächlich böse und verachtenswert. Und doch ist der Mensch frei, sich für das Böse zu entscheiden. Die hier ausgebreiteten Argumente und vieles, was noch dargelegt werden wird, machen allerdings deutlich, dass das Böse dem Menschen nicht guttut. Die moralische Situation des Menschen gleicht jener auf dem Rasen eines Fußballplatzes: Gutes, gelingendes Leben bedeutet, ein gutes Spiel zu spielen und das eine oder andere Tor zu schießen (ein Torerfolg wäre in dieser Metapher das

Erleben eines besonderen Glücksmomentes).[49] Auch wer keine Tore schießt, kann ein gutes Spiel gezeigt haben, an dem alle ihre Freude haben. Wer sich für das Böse im Leben entscheidet, gleicht einem Fußballspieler, der absichtsvoll foult und Eigentore schießt und sich damit den Ärger und die Verachtung aller Mitspieler zuzieht. Solche Menschen sind bedauernswert und müssen, wenn nötig, mit Zwang vom Rasen geholt werden.

Das empathische Gen, der Titel dieses Buches, meint nicht, dass Gene ein Bewusstsein haben. Theorien über das Gute zu entwerfen, ist jedenfalls nicht Sache der Gene, sondern eine Aufgabe, mit der sich der menschliche Geist auseinanderzusetzen hat. Geist und Gene lassen sich nicht auf einfache Weise aufeinander zurückführen, also nicht aufeinander reduzieren. Und doch: Gene sind, ebenso wie der menschliche Geist, ein Teil des Menschen. Neuronale Systeme, die zwischen Genen und Geist geschaltet sind, werden das Thema der nachfolgenden Kapitel sein. Eines aber ist jetzt schon klar: Humanität und Empathie liegen dem Menschen im Blut. Des großen Immanuel Kant berühmtester Satz (»Handle nur nach derjenigen Maxime, durch die du zugleich wollen kannst, dass sie ein allgemeines Gesetz werde«[50]) ist kein abgehobenes Theorieprodukt, sondern verdankt sich der empathischen Natur des Menschen: Kants Kategorischer Imperativ hat die Fähigkeit und den Willen zur Voraussetzung, die Perspektive unserer Mitmenschen einzunehmen. Ohne diese Voraussetzung hätte Kants großartiger Satz nicht zustande kommen können, ganz abgesehen davon, dass er dann auch sinnlos wäre.

3. DER MENSCH: AUF ZUWENDUNG UND LIEBE EINGESTELLT

»Von Kopf bis Fuß auf Liebe eingestellt«: Diese Zeile aus einem Lied von Friedrich Hollaender, welches durch die großartige Berlinerin und Kosmopolitin Marlene Dietrich zum Welthit wurde, mag etwas übertrieben wirken, trifft jedoch den Kern. Wer den Einwand erheben würde, man könne wohl nicht 24 Stunden am Tag lieben, der Mensch müsse doch auch seiner Arbeit nachgehen und brauche daneben auch einfach einmal seine Ruhe, dem wäre Recht zu geben, zugleich aber eine medizinisch gesicherte Tatsache entgegenzuhalten: Beides, arbeiten und zur Ruhe kommen kann der Mensch nur, wenn er sich geliebt fühlt und lieben darf. Wer auf Dauer ohne Liebe leben muss, verliert irgendwann die Energie, um gute Arbeit zu leisten.[1] Dass der Mensch einfach auch einmal nur Ruhe braucht, ist unbestritten. Nicht zur Ruhe zu kommen und nicht schlafen zu können, hat seine Ursache aber in vielen Fällen ebenfalls in Problemen, die direkt oder indirekt mit der Liebe zu tun haben. Der Behauptung, dass der Mensch »von Kopf bis Fuß auf Liebe eingestellt« sei, würde ich – aus Gründen, auf die wir noch einzugehen haben – aus wissenschaftlicher Sicht nicht widersprechen, wohl aber der in Hollaenders Lied dann etwas später folgenden Zeile, der Mensch könne, vom Lieben abgesehen, »… sonst gar nichts«. Denn Liebe engt den Menschen nicht ein, sie öffnet die Türen zu allem, was den Menschen ausmacht: zur Kreativität, zu sinnvoller Arbeit, zur Anstrengungsbereitschaft, zum Engagement für das Gute und – nicht zuletzt – zum Genuss. Marlene Dietrich war dafür das lebende Beispiel. Bliebe eine letzte Frage: Was ist mit der Aggression? Diesem Punkt wenden wir uns etwas später noch zu.

Grundmotivation soziale Verbundenheit

Warum wir ohne Liebe nicht leben – und nicht gesund bleiben – können und welchem Zweck die Aggression dient, erschließt sich aus Erkenntnissen, die wir den modernen Neurowissenschaften verdanken. Lebenswille ist dem Menschen nicht von Natur aus gegeben. Er stellt sich nicht von alleine ein wie der Auftrieb, der einen Schwimmkörper an die Oberfläche des Wassers bringt. Die Energie, die uns hilft, morgens aus dem Bett zu kommen, die uns für die Herausforderungen des Tages bereit macht und uns Lebensfreude spüren lässt, hat eine neurobiologische Grundlage. Sie stellt sich nur dann ein, wenn ein im Gehirn an zentraler Stelle, im sogenannten Mittelhirn, sitzendes Nervenzellnetzwerk die Botenstoffe Dopamin, Beta-Endorphin und Oxytozin produziert.[2] Diese Botenstoffe werden in den Medien auch als »Glücksbotenstoffe« bezeichnet. Dopamin verleiht dem Menschen psychische Energie, Beta-Endorphin sorgt für Schmerzfreiheit,[3] Oxytozin lässt uns Nähe und Vertrauen spüren und erleichtert die zwischenmenschliche Einfühlung (auf die wir an späterer Stelle zurückkommen). Die Namen des neuronalen Netzwerkes, welches die genannten Botenstoffe herstellt, sind »Motivationssystem« oder »Belohnungssystem« (beide Bezeichnungen werden bedeutungsgleich verwandt).[4] Erlebte zwischenmenschliche

Zuwendung und Liebe aktivieren dieses System, stimulieren die Produktion der genannten Botenstoffe, lassen uns gut fühlen und wecken die Lebensgeister. Es muss nicht immer Liebe sein. Jede Art der sozialen Verbundenheit erleben wir, da sie das genannte Netzwerk aktiviert und angenehme Gefühle in uns auslöst, als Belohnung (daher »Belohnungssystem«).[5] Da angenehme Gefühle etwas sind, wofür wir uns anzustrengen bereit sind, motivieren sie uns (daher »Motivationssystem«).[6]

Das Bedürfnis nach sozialer Verbundenheit sitzt, wie spezifisch dazu durchgeführte Untersuchungen zeigen, tiefer als der Wunsch nach angenehmen Gefühlen.[7] Dass Liebe »Spaß« oder Freude machen kann, ist natürlich wunderbar. Warum halten manche Freundschaften oder Partnerschaften aber auch dann, wenn schwierige oder spaßfreie Zeiten durchgestanden werden müssen? Aus Sicht unseres Körpers ist soziale Verbundenheit – gerade in schwierigen Zeiten – ein Wert an sich. Dass Beziehungen gekündigt werden, weil sie inhaltsleer oder unerträglich geworden sind, ist ohne Frage berechtigt. In mindestens ebenso vielen Fällen werden Trennungen aber voreilig vollzogen, was uns selbst und unsere Bezugspersonen zu einer Art Einmal- oder Wegwerfware zu machen droht. Jeder Verlust einer Bindung ist ein Ereignis, das Kraft kostet, zum Auslöser einer Erkrankung und bei alten Menschen gar zum Startpunkt einer Demenz werden kann. Unlösbare Probleme bei zwischenmenschlichen Beziehungen, ihr Wegfall oder ihr Fehlen sind typische Merkmale depressiver Erkrankungen. Wo soziale Isolation, Einsamkeit oder Probleme mit der Liebe das Motivationssystem der Betroffenen nicht mehr hinreichend aktivieren, dort fehlen dem Körper die Botenstoffe, ohne die jede Lebensfreude erlahmt – bis hin zum Lebensüberdruss.

Manche Menschen kommen mit ihren Mitmenschen gut zurecht, fühlen sich jederzeit mit genügend Freunden umgeben und sind mit ihrem Partner oder ihrer Partnerin zufrieden, während andere sich mit zwischenmenschlichen Beziehungen chronisch schwertun und mit fast sicherer Regelmäßigkeit in Partnerschaften landen, in denen sie sich nicht wohlfühlen. Dies hat meistens mit unguten Erlebnissen zu tun, die oft in die frühe Kindheit zurückreichen.[8] *In den ersten drei Lebensjahren* erlittene Vernachlässigung, ein Zuwenig an Beziehung, Gewalterfahrungen oder Traumatisierungen anderer Art (wie zum Beispiel ein längerer frühkindlicher Krankenhausaufenthalt, schmerzhafte medizinische Prozeduren oder Ähnliches) können zu einer dauerhaften *Schwächung* des Motivationssystems führen, was die Fähigkeit eines solchen Menschen, im späteren Leben Beziehungen zu finden, beeinträchtigen kann. Die betroffenen Menschen erleben oft eine tiefsitzende Antriebslosigkeit, fühlen sich wertlos und tun sich schwer, auf andere zuzugehen. Demgegenüber führt ein Mangel an Zuwendung oder eine Vernachlässigung des Kindes *jenseits des dritten Lebensjahres* oft zu einer *Überaktivierung* des Motivationssystems: Diese Kinder (und die Erwachsenen, zu denen sie werden) verlangen ständig nach »Kicks«, die ihnen eine innere Dopaminausschüttung bescheren und ohne die sie nicht zur Ruhe kommen können.

Personen, die sich mit der Aufnahme oder Aufrechterhaltung zwischenmenschlicher Beziehungen schwertun, erleiden ein Weniger an Lebenszufriedenheit. Ihre Motivationssysteme fahren ständig an der unteren Grenze ihrer Möglichkeiten, ähnlich einem stotternden Motor, bei dem man jeden Moment befürchten muss, er könnte seinen Geist aufgeben. Hier besteht ein erhöhtes Risiko, das eigene Motivationssystem ersatzweise zu stimulieren. Substanzen oder Ersatzhandlungen sollen dann das besorgen, was aufgrund einer Störung im Bereich der zwischenmenschlichen Beziehungen nicht gelingen konnte. Kinder greifen in einer solchen Lage gerne zu Süßigkeiten oder beschäftigen sich mit digitalen Spielzeugen.[9] Tatsächlich stimuliert Zucker das Motivationssystem, digitale Endgeräte tun dies ebenfalls. Jugendliche und Erwachsene stimulieren ihr darniederliegendes Motivationssystem gerne mit Alkohol,[10] manche auch mit Drogen wie Cocain,[11] beides potente Aktivatoren der körpereigenen Dopaminproduktion. Auch Geld, eine menschheitsgeschichtlich noch relativ junge Erfindung,[12] hat sich zu einem potenten Stimulus des Motivationssystems entwickelt.[13] Geld hat das Potential einer Droge, weil es dem Menschen suggerieren kann, ihm zu ersetzen, was ihm so oft fehlt: Anerkennung, Zuspruch, Liebe. Das Gleiche gilt für die Sexualität, idealerweise eine lustvolle Dreingabe zur Liebe. Wo die Fähigkeit, wirklich zu lieben, beeinträchtigt oder nicht vorhanden ist, kann Sex ersatzweise zur Suchtdroge werden und zur Sexsucht führen[14] und damit zu einer – nicht zuletzt dank des Internets – inzwischen weit verbreiteten Störung.

Schmerz durch Diskriminierung

Wenn zwischenmenschliche Verbundenheit oder Liebe »das Gute« ist, was wäre dann »das Böse«? Wenn es an Gemeinschaft oder Liebe mangelt, leidet nicht nur das gute Lebensgefühl. Länger andauernde Einsamkeit oder soziale Isolation schwächen das Immunsystem und erhöhen das Krankheits- und (vor allem bei älteren Menschen) das Sterberisiko.[15] Mindestens ebenso toxisch ist erlebte Diskriminierung. Von Mitmenschen absichtsvoll nicht wahrgenommen, nicht beteiligt und in die zwischen ihnen laufende Kommunikation nicht einbezogen zu werden, ist eine Qual. Die meisten Menschen erinnern sich an das Gefühl, als Kind am Rande eines Spielfelds gestanden und erlebt zu haben, dass einem die Bitte abgeschlagen wurde, mitspielen zu dürfen. Oder wie fühlte es sich an, wenn Eltern, ErzieherInnen oder Lehrkräfte einen durch absichtsvolle Nichtbeachtung straften? Manche Kinder erleben, dass ein Elternteil als Strafmaßnahme stunden- oder tagelang nicht mit ihnen spricht. Eine fürchterliche Situation, die – wie das Schlagen – zu den »No-Gos« der Erziehung gehören sollte. Doch Menschen tun sich Derartiges leider an,[16] auch als Erwachsene. In Familien, am Arbeitsplatz oder in geselligen Runden erleben Einzelne immer wieder, dass sie von ihresgleichen absichtsvoll wie Luft behandelt, nicht gegrüßt und »geschnitten« werden. Betroffene fühlen sich durch Diskriminierung oder Nichtbeachtung tief getroffen, selbst dann, wenn sie die »Täter« nicht mögen oder keinen Wert auf deren Zuwendung legen. Warum?

Das Erleben sozialer Ausgrenzung ruft nicht »nur« irgendwelche flüchtigen negativen Gefühle hervor, sondern hinterlässt in den Betroffenen auch eine biologische Spur.[17] Naomi Eisenberger und Matthew Lieberman entdeckten, dass die Erfahrung, absichtsvoll nicht beachtet oder nicht beteiligt zu werden, neuronale Netzwerke aktiviert, die »normalerweise« nur dann aktiviert werden, wenn einem Menschen *körperliche* Schmerzen zugefügt werden. Körperliche Schmerzen werden, nach Eintritt der Schmerzsignale ins Gehirn (die Eintrittspforte ist der sogenannte Thalamus), im Gehirn an zwei Stellen registriert: Den *Ort* des erlebten körperlichen Schmerzes kartiert die sogenannte »Somatosensible Hirnrinde«. Das Erleben der *Qual* des Schmerzes produziert eine Region im vorderen Teil der sogenannten »Gürtelwindung« (lateinisch: »Anteriorer Cingulärer Cortex«, abgekürzt ACC). Nicht nur körperlicher Schmerz, sondern auch soziale Ausgrenzung, Zurückweisung oder Diskriminierung aktivieren den ACC. Was das am Spielrand, in der Familie, in der Kita oder in der Schule ausgegrenzte Kind spürt, und was

Menschen fühlen, die von anderen »geschnitten«[18], am Arbeitsplatz gemobbt oder in der Gesellschaft diskriminiert werden, ist *Schmerz*.

Schmerz begünstigt Aggression

Erlebten Schmerz beantwortet der Körper mit einer Abwehrreaktion. Aggression ist kein Selbstzweck. Es gibt keinen »Aggressionstrieb« – hier irrten sowohl der große Sigmund Freud, Begründer der Psychoanalyse, als auch Konrad Lorenz.[19] Die Aggression ist, wie die Angst, ein evolutionär entstandenes, bei Bedarf abrufbares Emotions- und Handlungsprogramm[20], dessen Funktion darin liegt, den eigenen Organismus vor körperlichen Angriffen und aversiven Erfahrungen zu schützen. Schmerz begünstigt Aggression. Der Übergang von Schmerz in Wut erklärt, warum Kinder und Jugendliche, die Ausgrenzung oder Demütigungen erleben, zu mehr Aggression als andere neigen. Der Mensch muss – am besten schon im Kindesalter – lernen, in sich Aggression oder Wut zu spüren, sie als Signal ernst zu nehmen und nicht zu diskreditieren, sie aber auch zu zügeln. Wo Aggression ausgelebt wird, hat sie Aggressionskreisläufe zur Folge. Dort, wo Menschen (meist als Kinder) für Gefühle der Wut bestraft wurden, richtet sich hochkochende Aggression dann leicht gegen das »Selbst« und führt – anstatt zu Aggression – zu Angst oder Depression. Aggression aktiviert den Kreislauf und erhöht den Blutdruck. Ein durch Kränkung hervorgerufener erhöhter Blutdruck wird sich normalisieren, sobald die gekränkte oder verletzte Person ihre Gefühle gegenüber denjenigen, von denen die Verletzung ausging, in geeigneter Form zur Sprache bringen konnte. Bleiben Kränkungen jedoch unaufgelöst, kann sich daraus ein Bluthochdruck entwickeln.[21]

Voraussetzungen »guten Lebens«

Wenn es ohne soziale Akzeptanz, zwischenmenschliche Verbundenheit und Zuneigung keine Vitalität, keine Motivation und keine Lebensfreude geben kann, dann erscheint klar, dass im gelingenden sozialen Zusammenleben die Bestimmung des Menschen liegt. Dieser Definition »guten Lebens« entspricht die eudaimonische Lebenshaltung, die ein gesundheitsdienliches Muster der Genaktivität nach sich zieht (siehe Kapitel 2). Gegenseitige Nichtbeachtung, soziale Ausgrenzung und gesellschaftliche Diskriminierung sind destruktive Programme, mit denen wir uns und anderen Schaden zufügen. Dies zeigt nicht nur der Blick auf Familien, in denen derartige Programme ablaufen. Es zeigt sich auch in Gesellschaften wie den USA, in denen die Ausgrenzung benachteiligter Gruppen und das Recht des Stärkeren praktiziert werden, oder in Ländern wie Russland oder China, die sich einer ausschließlich auf Repression gegründeten Ordnung und der Ausübung von Gewalt gegenüber Minderheiten verschrieben haben. Europa ist der Versuch eines Gegenentwurfs. Faire soziale Teilhabe aller ermöglicht »gutes Leben« und Lebenszufriedenheit für alle und schafft so Frieden. Soziale Ausgrenzung und Diskriminierung adressieren die Schmerzsysteme und befeuern Aggression. Aggression hat wie die Angst eine Aktivierung der Amygdalae, der Angstzentren, zur Folge. Sie könnten auch »Aggressionszentren« heißen.[22] Wie bereits geschildert (siehe Kapitel 2), korreliert der Aktivitätslevel der Angstzentren mit dem Ausmaß einer im gesamten Körper ablaufenden, unheilvoll »unter dem Radar fliegenden«, chronisch-schleichenden Entzündung[23], die ihrerseits der Ausgangspunkt für Herz-Kreislauf-, Krebs- und Demenzerkrankungen ist. Dass dies weder »gutes Leben« noch die Bestimmung des Menschen sein kann, liegt klar auf der Hand.

Was können wir tun, worauf wird es auf unserem Weg in die Welt von Morgen ankommen? Der Fokus eines Mediziners und Neurowissenschaftlers ist, wie ich bereits ausführte, weniger auf die philosophische Frage gerichtet, was der Mensch *soll*, sondern was er unter Berücksichtigung der biologischen, psychischen und sozialen Gegebenheiten *kann*. Der philosophische und der medizinisch-psychologische Ansatz schließen einander nicht aus. Schlecht wäre lediglich, wenn beide Perspektiven nicht zusammenpassen. So sieht es aber nicht aus. Motivation, Engagement und Lebenszufriedenheit lassen sich stärken, indem wir uns einander zuwenden und kooperieren. Zu einer Aktivierung der Motivationssysteme kommt es bereits dadurch, dass wir einander zuhören und uns gegenseitig die Möglichkeit geben, unsere Gedanken und Gefühle auszudrücken.[24] Ausgrenzung und Demütigung, deren fatale Effekte wir gesehen haben, werden sich in einer Welt der knappen Ressourcen (auch knapper Ressourcen an Zuwendung) nie ganz vermeiden lassen. Die Auswirkungen akuter Diskriminierungserfahrungen auf die Schmerzzentren (mit dem sich dadurch erhöhenden Risiko für Aggression) lassen sich aber dadurch dämpfen, dass sich Menschen in ihrem privaten Umfeld von Angehörigen oder Freunden gut und verlässlich unterstützt fühlen.[25] Zwischenmenschliche Beziehungen schützen vor Schmerzen jeder Art.

Soziale Ausgrenzung hat nicht nur eine psychologische, sondern auch eine ökonomische Dimension: Armut im Angesicht großen Reichtums ist nicht nur ein sozialpolitischer Missstand, sondern bedeutet für die Benachteiligten auch eine Ausgrenzungserfahrung.[26] Das menschliche Gehirn ist nicht kommunistisch, es toleriert Unterschiede, allerdings nur bis zu einem gewissen Grad.[27] Wenn Menschen, die viel besitzen, zugunsten anderer, die Mangel leiden, Verzicht leisten, dann führt dies, wie eine Untersuchung zeigte, nicht nur bei den Benachteiligten, sondern auch bei denen, die abgeben, zu einer Ausschüttung von Motivations- und Glücksbotenstoffen.[28] Zum »guten«, eudaimonischen Leben gehört daher auch ein Mindestmaß an sozialer Gerechtigkeit.

Fazit: Menschen sind sowohl für ein aus persönlicher Sicht Sinn-geleitetes als auch für ein aus gesellschaftlicher Sicht prosoziales Leben und Zusammenleben bestimmt. Beides miteinander zu vereinen ist »gutes Leben« oder, anders formuliert, Humanität.

4. SUBJEKT DER EMPATHIE: »DAS SELBST«

So wichtig die neurobiologischen Grundlagen auch sind: Wenn wir einem anderen Menschen begegnen, begegnen wir nicht seinen Genen oder seinem Motivations- oder Aggressionssystem, sondern einer Person. Die Person ist es, die fühlt, denkt und entscheidet. Dies bedeutet nicht, dass die neurobiologischen Grundlagen keine Relevanz hätten, im Gegenteil. Die Person des Menschen ist – im wahrsten Sinne des Wortes – von »zentraler« Bedeutung: Sie hat ihren Ort an der Schnittstelle zwischen biologischer Innen- und sozialer Außenwelt. Einerseits obliegt ihr, die aus dem eigenen Inneren kommenden Impulse aufzufangen, zu deuten und ihre Energien nutzbar zu machen. Auf der anderen Seite ist die Person der soziale Ansprechpartner. Die Person ist es, die *erlebt*, was ihr aus dem eigenen Inneren und aus dem sozialen Umfeld begegnet, und die sich gegenüber sich selbst und ihrem Umfeld *verhält* und handelt. Zur Person gehört nicht nur eine bestimmte Art und Weise, zu fühlen, zu denken und zu handeln. Jede Person hat ein Selbstverständnis, sie hat ein personales Innenleben, ein reflexives inneres Terrain. Sie kann über sich nachdenken und sich vorstellen, wie sie erscheint, wenn der Blick von außen – von anderen Menschen – auf sie fällt. Auf dem Terrain der Person entscheidet sich schließlich auch, ob ein Mensch Sinn-geleitet leben oder darauf verzichten möchte, sich über sein Leben Gedanken zu machen, die über das aktuelle Befinden hinausreichen.

Die Entdeckung der Selbstnetzwerke

Zu einem Objekt der Neurowissenschaften wurde die Person, das »Selbst« des Menschen, erst vor wenigen Jahren. Der Ansatzpunkt, den die neurowissenschaftliche Forschung wählte, um Zugang zur Erforschung der Person zu finden, ist das bereits erwähnte reflexive innere Terrain, also die Fähigkeit der Person, über sich nachzudenken. Jeder Mensch hat innere Vorstellungen, Glaubenssätze und Überzeugungen davon, wer er – oder wer sie – ist. Fachleute nennen dies die Theorie, die wir über uns haben (Englisch: Theory of Mind). Die Frage, wie »objektiv« oder »richtig« diese Vorstellungen sind, geht ins Leere.[1] Das »Objektive« ist, dass diese Vorstellungen existieren und das ausmachen, was wir »Person« nennen. Meinungen, Glaubenssätze und Überzeugungen, die wir über uns selbst haben, sollten – so die Annahme der Neurowissenschaftler – in dafür zuständigen neuronalen Netzwerken im Gehirn ihres Besitzers abgespeichert sein. Stellen wir uns vor, jemand würde eine Stellenausschreibung lesen, in der genau beschrieben wäre, welche Eigenschaften die Bewerberin oder der Bewerber haben sollte. Ein Abgleich der beschriebenen Eigenschaften mit der eigenen Person ist nur möglich, wenn die Person, welche die Stellenausschreibung liest, Informationen aus einem eigenen inneren Speicher schöpfen kann, der Wissen abgespeichert hat, wer die Person – im Rahmen einer ehrlichen Selbsteinschätzung – zu sein glaubt.[2] Dieser Speicher wurde erst vor wenigen Jahren entdeckt: Es sind die sogenannten »Selbstnetzwerke«.[3]

Ihren Ort haben die Selbstnetzwerke in der »unteren Etage« des Stirnhirns, in einem Bereich hinter dem Bindi-Punkt, den manche indische Frauen zwischen den Augenbrauen tragen.[4] Hier, über den Augenhöhlen zur Mitte hin gelegen, befinden sich die neurobiologischen Korrelate des »Selbst«.[5] Hier ist gespeichert, wie wir uns aktuell fühlen, welche Charaktermerkmale wir uns zuschreiben und welche körperlichen Eigenschaften wir unser Eigen nennen.[6] Doch die Selbstnetzwerke speichern noch etwas Weiteres: Sie speichern, wofür wir stehen, unsere Einstellung gegenüber dem Leben. Man kann Testpersonen bitten, sich intensiv zu besinnen, welche Werte ihnen im Leben – aus ihrer ganz persönlichen Perspektive – am meisten am Herzen liegen, was ihnen das Bedeutsamste sei und welche Ziele im Leben für sie Priorität hätten. Eine Übung dieser Art wird als Selbstvertiefung (Englisch: »Self-Affirmation«) bezeichnet. Wenn man untersucht, welche neuronalen Netzwerke bei einer solchen Besinnung aktiv werden, trifft man auch hier auf die Selbstnetzwerke in der unteren Etage des Stirnhirns.[7] Damit ist klar, dass die Selbstnetzwerke nicht nur das Sinn-entleerte neuronale Korrelat der Selbst-Wahrnehmung sind, sondern den Kern einer Person kodieren und der Ort der Überzeugungen sind, die eine Sinn-geleitete, eudaimonische Lebenseinstellung ausmachen.

Empathie: Ein integraler Teil der Person

In den meisten Fällen, in denen sich Menschen im Alltag begegnen, besteht kein Anlass, sich Gedanken über einen anderen zu machen. Man belässt es bei kleinen Zeichen der Resonanz, man grüßt oder erwidert ein Lächeln. Wo Menschen aber zusammenleben, miteinander arbeiten oder in einer persönlichen zwischenmenschlichen Beziehung stehen, reicht das nicht aus. Hier ist es wichtig, sich gegenseitig zu verstehen, zu begreifen, warum jemand sich auf eine bestimmte Weise verhält. Menschen sind keine physikalischen Körper. Der Raum, in dem wir »fliegen«, ist der soziale Raum. Was Menschen von physikalischen

Körpern unterscheidet, ist, dass sie sich untereinander *verstehen* können. Die Kunst, im sozialen Raum so zu navigieren, so dass sowohl ein freundliches Nebeneinander als auch ein verbindendes Miteinander möglich ist, erfordert vor allem eines: Empathie. Empathie hat eine kognitive (gedanklich-intellektuelle), eine fühlende (emotional-intuitive) und eine Handlungsebene.[8] Die *kognitive Ebene* der Empathie betrifft die Fähigkeit, die innere Situation eines anderen Menschen *bewusst* zu bedenken (gedanklich sozusagen in seine Schuhe zu schlüpfen), sich über seine – oder ihre – Beweggründe Gedanken zu machen und sich sein – oder ihr – Verhalten zu erklären.[9] *Emotional-intuitive Aspekte* der Empathie betreffen die Fähigkeit zur Einfühlung. Die Einfühlung findet überwiegend außerhalb der bewussten Kontrolle statt. Die Freude, die Trauer oder der Schmerz eines anderen Menschen hat sich in der Regel bereits von einer auf die andere Person übertragen, bevor wir darüber nachdenken. Die *Handlungsebene* der Empathie hat ihrerseits eine intuitive (überwiegend unbewusste) und eine wohlüberlegte Seite. Fast jede(r) kennt sie, die überwiegend unbewusst ablaufenden Imitationshandlungen des Alltags: Kratzt sich jemand, der uns gegenübersitzt, an der Nase oder schlägt die Beine übereinander, so neigen wir dazu, dies – wie automatisch – ebenfalls zu tun.[10] Der wohlüberlegt-bewusste Teil der Handlungsebene betrifft die Frage, ob wir – über das kognitive Verstehen und über die emotionale Einfühlung hinausgehend – bereit sind, für einen hilfsbedürftigen anderen Menschen etwas zu *tun.*[11] Hilfsbereites Verhalten wird durch eine moralische Grundhaltung begünstigt.[12]

Die Empathie ist ein facettenreiches Phänomen. Ihre volle Ausprägung erreicht sie dann, wenn die kognitive und die emotionale Ebene sowie die Bereitschaft zur Hilfeleistung zusammen wirksam sind. In jede der drei Ebenen sind unterschiedliche Gehirnsysteme involviert. Eine gut ausgeprägte kognitive Empathie kann mit einer schwach ausgebildeten intuitiven Einfühlung einhergehen und umgekehrt. Menschen mit einem Aspergersyndrom lassen die intuitive Einfühlung vermissen, verfügen oft aber über eine hoch entwickelte Rechen-, Computer- oder Schachbegabung. Interessant ist, dass bei Personen mit Alzheimererkrankung die Fähigkeit zum Mitfühlen (ebenso wie die Wahrnehmung von Mitgefühl bei Bezugspersonen) lange noch erhalten ist. Psychopathen zeigen Veränderungen in empathierelevanten Regionen des Gehirns (die sich allerdings erst im Laufe des Lebens entwickeln und nicht angeboren sind).[13] Ob und in welchem Maße ein Mensch zur Empathie fähig ist, lässt sich mit psychologischen Methoden ermitteln. Dafür steht eine Reihe von psychologischen Messinstrumenten zur Verfügung, die es erlauben, sowohl verschiedene Grade der Empathie als auch Beeinträchtigungen des empathischen Vermögens zu erfassen.[14]

Die kognitive Komponente der Empathie: Ein Beitrag der Selbstnetzwerke

Die Selbstnetzwerke speichern nicht nur ab, wie ein Mensch *sich selbst* erlebt, sondern zugleich auch Vorstellungen, die wir über nahestehende *andere Menschen* haben.[15] Die eigene Person und bedeutsame oder uns nahestehende Andere sind im menschlichen Gehirn nicht nur psychisch, sondern auch neuronal gekoppelt.[16] Diese Koppelung hat ihren Ursprung in der Entstehungsgeschichte des »Selbst«. Sie nimmt ihren Anfang in den ersten beiden Lebensjahren, in denen das Kleinkind mit seinen wichtigsten Bezugspersonen in einer symbiotischen Beziehung lebt. Neugeborene können zwischen »Selbst« und »Nicht-Selbst« noch nicht unterscheiden. Diese Fähigkeit entwickelt sich erst jenseits der frühen Säuglingszeit. Die am Beginn des

Lebens installierte neuronale Koppelung zwischen »Ich« und signifikantem »Du« bleibt – sozusagen untergründig – lebenslang erhalten.[17] Ohne dass es uns bewusst ist, schwingen beim Nachdenken über die eigene Person immer auch Vorstellungen mit, die wir uns über die Innenwelt, über das »Selbst« anderer, uns nahestehender Menschen machen. Umgekehrt kommen beim Nachdenken über nahestehende andere Menschen immer auch Annahmen ins Spiel, die wir über unser eigenes Innenleben, über die Funktionsweise unseres eigenes »Selbst« haben. Zu den »nahestehenden Anderen«, die ins eigene »Selbst« eingewoben sind, zählen nicht nur Angehörige oder Freunde und Freundinnen, mit denen wir verbunden sind, sondern auch Vorbilder, prominente Personen oder spirituelle Lehrer und Lehrerinnen die wir bewundern oder verehren und mit denen wir uns identifizieren.[18] Auf diese Weise ins eigene »Selbst« integriert sein, können, wie Untersuchungen zeigen, nicht nur reale, sondern auch fiktionale Figuren (aus der Welt der Literatur oder aus Filmen), wenn sie – aus unserer Sicht – positiv herausstechen oder von uns als »Helden« empfunden werden.

Die Überlappung neuronaler Repräsentanzen der eigenen Person mit nahestehenden oder signifikanten anderen Menschen bedeutet, dass unser »Selbst« von unseren Mitmenschen nicht abgekoppelt ist. Wenn es anderen Menschen nicht gut geht, dann kann es auch uns nicht wirklich gut gehen. Weiterhin verdanken wir der Koppelung, dass wir uns in andere Menschen nicht nur hineindenken *können*, ihre Perspektive nicht nur einnehmen und uns vorstellen *können*, wie es uns ginge, wenn wir an ihrer Stelle wären, sondern dass wir dies – meist unbewusst – implizit, also sozusagen automatisch, auch *tun*. Wenn wir es *bewusst* tun, kann es uns ein Verständnis der Motive anderer Menschen ermöglichen: Wir können uns dann eine »Theory of Mind« über sie machen. Diese Fähigkeit zum gedanklichen

Sich-Hineinversetzen, zum sogenannten Perspektivwechsel repräsentiert den kognitiven Teil der Empathie. Er ist von zentraler Bedeutung. Auf die emotionalen Aspekte der Empathie werde ich im nachfolgenden Kapitel eingehen.

Kinder der Empathie: Werte, Tugenden, Moral

Dass das »Selbst« eines Menschen – und sein neuronales Korrelat – auch mit Prominenten, »Helden« oder mit spirituellen Vorbildern eine Verbindung eingehen kann,[19] ist von großer Bedeutung. Vorbilder besitzen unsere Verehrung nicht aus Zufall, sondern weil sie für Eigenschaften und für Werte stehen, die wir bewundern. Die personale Koppelung mit einem anderen Menschen kann also – auch ohne persönliche Bekanntschaft – auf einer *Werte-Koppelung* basieren. Die neuronale Koppelung bedarf zwar eines anderen Menschen, dieser muss sich aber nicht in meinem unmittelbaren Umfeld befinden. Werte sind transpersonal. Ein einzelner Mensch kann sich mit Buddha, mit einem jüdischen Gelehrten, mit Jesus Christus, mit dessen Mutter Maria, mit dem Propheten Mohammed oder mit dem Dalai Lama identifizieren. Die Verehrung einer dieser Persönlichkeiten hat im Gehirn der verehrenden Person(en) zur Folge, dass sich die psychische und neuronale Repräsentanz des »Selbst« mit der psychischen und neuronalen Repräsentanz der verehrten Persönlichkeit überlappt. Die zahlreichen Anhänger *einer* spirituell verehrten Persönlichkeit verbindet damit *untereinander* eine *gemeinsame*, in das jeweils eigene »Selbst« eingewobene Repräsentanz der verehrten Persönlichkeit. Dies macht sie – über die Wertekoppelung – untereinander zu »nahestehenden Personen«, auch dann, wenn sie sich nicht persönlich kennen. Religiöse

Menschen kennen die Erfahrung, dass sie sich Angehörigen des gleichen Glaubens, wenn ihnen die gemeinsame Zugehörigkeit bekannt ist, bereits bei der ersten Begegnung nahe fühlen.[20]

Neurowissenschaftliche Erkenntnisse können uns helfen, die Bedeutung von Religionen und ihrer spirituellen Repräsentantinnen und Repräsentanten besser zu verstehen. Werte *an sich* sind nichtpersonaler Natur und aus Sicht der neuronalen Selbstsysteme nicht beziehungsfähig. Damit Fremde sich über gemeinsame Werte nahekommen können, bedarf es der Bezugnahme auf ein personales Gegenüber oder auf eine dritte Person, die als Träger oder Trägerin der verbindenden Werte fungiert. Wenn ein Mensch von einem Anderen in einer geschützten (zum Beispiel therapeutischen oder seelsorgerischen) Situation von Angesicht zu Angesicht gefragt wird, an was er (oder sie) in seinem (ihrem) tiefsten Herzen glaube und was die Werte seien, die ihm (oder ihr) wirklich etwas bedeuten, dann kann dies zwischen beiden eine Verbindung schaffen, die den (bis dahin) fremden Anderen zu einem Teil des »Selbst« des Gefragten werden lässt. Die gleiche Wirkung kann ein Hinweis auf eine dritte Person haben, die für gemeinsame Werte steht.

Eine Frage nach den Werten des Anderen (oder ein Hinweis auf eine dritte Person, die für gemeinsame Werte steht) bedeutet eine Einladung zur bereits erwähnten Selbstvertiefung (»Self-Affirmation«). Wenn sie vom Fragenden aufrichtig und nicht kalkulierend oder zynisch gestellt wird, signalisiert sie einen gemeinsamen zwischenmenschlichen Boden und stellt eine Verbindung her. Die so hergestellte Koppelung zwischen dem »Selbst« zweier Menschen ist ein Türöffner und kann, wie Untersuchungen zeigen konnten, personale Veränderungsprozesse ermöglichen, die sonst nicht möglich gewesen wären. Sie kann es einem Gesprächspartner erleichtern, sein Verhalten oder seine Einstellung auf den Prüfstand zu stellen und – wenn gute

Gründe vorhanden sind – sich zu ändern.[21] Wenn sich Patientinnen oder Patienten mit Veränderungen ihres Lebens schwertun, obwohl offensichtliche Gründe dafürsprechen, frage ich sie daher gerne nach den Werten, die ihnen im Leben am meisten bedeuten. Zu einer Selbstvertiefung kann auch die Frage nach dem Glauben gehören – nicht um Menschen ein schlechtes Gewissen zu machen (dies wäre antitherapeutisch und kontraproduktiv), sondern um zu erkunden, ob Lebensereignisse zum Verlust des Glaubens und infolgedessen zu einer Entkoppelung von wichtigen spirituellen Bezugspersonen und damit zu einer existentiellen Verunsicherung geführt haben.

Werte sind nicht das Produkt eines philosophischen Urknalls, sondern ein Kind der zwischenmenschlichen Beziehung. Immanuel Kants Kategorischer Imperativ enthält die Voraussetzung, dass wir uns in die Lage anderer hineinversetzen: Gelten solle nicht, was nur aus meiner eigenen Sicht das Richtige sei, sondern was für alle Menschen akzeptabel sei – nur so soll etwas ein allgemeines Gesetz werden. Der Perspektivwechsel ist im Kategorischen Imperativ also implizit enthalten. Doch moralische Werte kann man nicht lieben, wie man einen Menschen liebt. Daher verinnerlichen Menschen Wertehaltungen über erlebte Beziehungen mit Bezugspersonen (als Kind aus dem Kreis der Eltern, Großeltern oder MentorInnen, später aus dem erweiterten Spektrum möglicher Vorbilder und LehrmeisterInnen). Auch wenn moralische Werte im philosophischen Diskurs von den Beziehungen, denen sie ihre Herkunft verdanken (zu Recht und notwendigerweise), abstrahiert werden, bleiben sie ein Kind der Beziehung. Dies wird daran deutlich, dass der Wegfall oder die moralische Disqualifikation moralisch relevanter Bezugspersonen – vor allem beim Kind – moralische Krisen zur Folge haben können. Auch die Liebe der Philosophen zur Philosophie hat immer einen personalen Ausgangspunkt (von dem sie sich dann meistens löst, dem sie sich oft sogar entgegenstellt). Sokrates und Plato sind Urbeispiele einer solchen geistigen Elternschaft.

Interessant ist, dass im Mittelpunkt aller großen Religionen *menschliche* Repräsentanten für diejenigen Werte stehen, für die die Religion steht.[22] Selbst der nichttheistische Buddhismus kommt ohne spirituelle Repräsentanten – Buddha oder den Dalai Lama – nicht aus. Auch der Atheismus hat seine Propheten und Päpste. Ironischerweise waren Giordano Bruno und Charles Darwin, auf die sich zeitgenössische Atheisten gerne beziehen, keine Atheisten, sondern in Glaubensfragen voller innerer Ambivalenz, wie sich im Falle Darwins in seiner wunderbaren Biografie[23] nachlesen lässt. Initiativen, die auf eine Versöhnung der Weltreligionen zielen, wie die des katholischen Theologen Hans Küng oder des österreichisch-US-amerikanischen Benediktiner-Mönchs David Steindl-Rast (der mir zu einem persönlichen Herzensfreund wurde), sind von großem Wert.[24] Der Grund, warum diese Initiativen bisher kein globales Momentum entfalten konnten, dürfte im Fehlen einer spirituellen Persönlichkeit liegen, welche den *einen* gemeinsamen Glauben repräsentieren könnte.

5. DIE EMOTIONALE KOMPONENTE DER EMPATHIE: NEURONALE RESONANZ

Die Fähigkeit, sich von der eigenen Person – vom eigenen »Selbst« – herkommend bewusst vorstellen zu können, was die Sichtweisen und inneren Beweggründe eines anderen Menschen sind, ist nur einer von zwei Bestandteilen der Empathie.[1] Mit Blick auf ein Sinn-geleitetes, »gutes« Leben (im Sinn der »Eudaimonia«) ist diese kognitiv akzentuierte Komponente die vermutlich bedeutendere gegenüber einer zweiten, mehr emotional akzentuierten, intuitiven. Kennzeichen dieser zweiten Komponente sind interpersonelle Resonanzphänomene, die ihrerseits neuronale Resonanzsysteme zur Grundlage haben. Resonanz ist ein aus der Physik bekanntes Phänomen: Eine klingende Gitarrensaite kann über die von ihr ausgesandten Schallwellen die entsprechende Saite einer zweiten Gitarre zum Klingen bringen.[2] Ein im Prinzip ähnliches Geschehen kann sich zwischen zwei Menschen abspielen: Aktivitätszustände eines Menschen (sein »Klingen«) können sich auf einen anderen übertragen. Bei interpersoneller Resonanz handelt es sich nicht, wie gelegentlich zu lesen ist, um ein Echophänomen. Beim Echo meines Rufes, das mir bei einer Wanderung in den Bergen von der gegenüberliegenden Bergwand zurückschallt, handelt es sich um *meine* Stimme. Im Falle der zum Mit-Klingen (Lateinisch: Resonare) gebrachten zweiten Gitarrensaite ist es die Gitarrensaite selbst, die (zurück-)klingt. Dass »der Berg ruft«, gehört in die romantische Welt eines Luis Trenker.

Zwischenmenschliche Resonanzen *verändern* uns, so wie der Zustand der zum Mit-Klingen gebrachten Gitarrensaite im Vergleich zum vorangegangenen Ruhezustand ein real veränderter Zustand ist. Wenn ein anderer Mensch uns mit seiner – oder ihrer – guten (oder gedrückten) Laune ansteckt, werden wir dadurch tatsächlich selbst in gute (oder gedrückte) Laune versetzt, unser Befinden hat sich verändert. Wenn wir zufällig mit ansehen (müssen), wie sich jemand in unserer Umgebung stark wehgetan, zum Beispiel mit einem Messer tief in den Finger geschnitten hat, erleben wir selbst eine Art Schmerz (einige LeserInnen dürften den Effekt alleine schon bei der Lektüre dieser Zeilen erfahren haben). Ekelt sich jemand an unserer Seite oder muss sich gar erbrechen, wird uns manchmal selbst schlecht. Mit anzusehen, wie jemand stark friert, macht uns selbst frösteln – von der ansteckenden Wirkung des Gähnens ganz zu schweigen. Jedes dieser Einfühlungs- oder Übertragungsphänomene hat, wie eine große Zahl dazu durchgeführter Studien zeigen konnte, neuronale Grundlagen. Auch Bewegungen, die wir bei anderen Menschen beobachten, können, wie schon erwähnt, eine Tendenz hervorrufen, ebendiese Bewegung selbst auszuführen: Wer bei einer gegenübersitzenden Person beobachtet, wie diese sich beiläufig an der Nase kratzt oder die Beine übereinanderschlägt, tut dies, meistens ohne es bewusst zu registrieren, dann oft auch selbst. Alle diese uns aus dem Alltag bestens bekannten Phänomene beruhen darauf, dass Signale, die uns von einem anderen Menschen her erreichen und uns eine Auskunft über dessen Gefühle oder Handlungen geben, von unserem Gehirn wahrgenommen, gedeutet und dann mit einer spiegelartigen Mit-Reaktion unseres eigenen Gehirns beantwortet werden.[3]

Bei den Signalen, die von einem Menschen ausgehen und bei einem anderen eine Resonanz auslösen können, handelt es sich um die Sprache und um die Körpersprache. Mehr noch als die Sprache geben körpersprachliche Signale wie die Mimik, Blicke, die Körperhaltung oder die Art, sich zu bewegen, Auskunft darüber, wie sich jemand anderes fühlt. Meistens wirken Sprache und Körpersprache beim Auslösen von Resonanz zusammen. Wenn sie sich widersprechen, wirkt die Körpersprache stärker als die Sprache. Nervenzellen, die im Gehirn eines Beobachters für die Ingangsetzung von Bewegungen zuständig sind und in Resonanz gehen, wenn ein Mensch die Bewegung eines anderen Menschen beobachtet, werden als Spiegelnervenzellen bezeichnet.[4] Nervenzellen des Schmerzsystems, die im Gehirn eines Menschen aktiv werden, der miterlebt (zum Beispiel beobachtet), wie ein anderer Schmerz erleidet, wurden von ihrem Entdecker William Hutchison[5] ebenfalls als Spiegelnervenzellen bezeichnet.[6] Andere Forscher, die Hutchisons Entdeckung später mit eigenen Studien bestätigten,[7] haben dafür plädiert, die sich wie Spiegelnervenzellen verhaltenden Nervenzellen im Bereich des Schmerzsystems als »Shared Networks« zu bezeichnen (was im Grunde das Gleiche bedeutet). Um diesbezüglichen Streits in der Forscher-Community, die bis hin zu törichten Anfeindungen gingen,[8] zu entgehen, erscheint es mir sinnvoll, sämtliche Nervenzellen, die in einem Beobachter die neuronale Aktivität eines beobachteten Menschen in spezifischer und selektiver Weise spiegeln, als Resonanznervenzellen zu bezeichnen.

Weit bedeutsamer als die neurotechnischen Details und das Hin und Her um die Nomenklatur ist die Frage, was neuronale Resonanzphänomene für das menschliche Zusammenleben bedeuten. Wenn das Auftreten eines Menschen bei anderen zu einer starken Resonanzreaktion führt, wenn zum Beispiel ein Lehrer durch seine Präsenz seine Schülerinnen und Schüler zu begeistern vermag, oder wenn eine Ärztin durch ihr positives Auftreten ihre Patientinnen und Patienten mit Hoffnung anzustecken weiß, dann sprechen wir von »Ausstrahlung«. Wenn andrerseits ein Mensch in sich bereits dann eine intuitive Resonanz spürt, wenn die von einem anderen ausgehenden Signale der Sprache oder Körpersprache nur sehr schwach sind, sprechen wir von einem stark ausgeprägtem Einfühlungsvermögen oder auch von Empathie (weil Einfühlungsvermögen ein Teil dessen ist, was wir als Empathie bezeichnen). Ich denke hier zum Beispiel an eine Lehrkraft, die bereits anhand feiner Veränderungen im Auftreten einer Schülerin wahrnimmt, dass zuhause etwas »nicht stimmt«, oder an einen Arzt, der an der Körpersprache seines Patienten wahrnimmt, dass dieser etwas auf dem Herzen hat, es aus Scham aber nicht anzusprechen wagt.

Im »normalen« zwischenmenschlichen Alltag sind Menschen immer beides, erste und zweite Gitarre, »Sender« und »Empfänger«, »Ausstrahlende« und »empathisch Spürende«. Wir wechseln ständig von einer in die andere Rolle, manchmal nehmen wir beide Rollen fast simultan wahr. Wenn ein anderer Mensch in meinem Wahrnehmungshorizont erscheint, wird er in mir unweigerlich eine Resonanzreaktion auslösen. Resonanzreaktionen sind mehr als Spiegelungen, denn sie enthalten immer auch einen »Eigenanteil«, eine »Markierung« oder »Zusatznote« der in Resonanz gehenden Person. Auf jemanden mit Resonanz zu reagieren (zum Beispiel einen Blick zu erwidern, eine Geste zu zeigen oder eine Antwort zu geben) bedeutet daher zweierlei: Einerseits lasse ich mein Gegenüber spüren, *dass* ich ihn – oder sie – wahrgenommen habe. Andrerseits gibt die »Zusatznote«, die ich meiner Resonanz beifüge, meinem Gegenüber (zum Beispiel anhand eines bewertenden oder offenen Blicks) einen Hinweis, *wie* ich ihn – oder sie – wahrgenommen habe. Resonanzen, die andere bei uns auslösen, kehren also zum »Absender« zurück und geben diesem eine Auskunft darüber, wer er – oder sie – ist.[9] Das Schlimmste, was einem widerfahren kann, ist nicht etwa, von anderen eine schlechte Resonanz zu erhalten (obwohl bereits das sehr schmerzhaft sein kann), sondern keine Resonanz zu erhalten, also wie Luft behandelt zu werden, sei es, dass unser Gegenüber »keine Zeit« für uns hat, oder sei es, dass wir derart verachtet werden, dass wir unserem Gegenüber keine Resonanz wert sind (manchmal kommt beides zusammen).

Vor diesem Hintergrund wird nun klar, welche Bedeutung Spiegelungs- und Resonanzvorgängen im zwischenmenschlichen Raum zukommt: Der wechselseitige Austausch von Resonanzen ist das, was eine zwischenmenschliche Beziehung ausmacht. Resonanzen sind gleichsam ihr feinmechanisches Räderwerk, ähnlich dem Räderwerk einer Uhr. Wenn wir uns fragen, was zwischenmenschliche Zuwendung und Liebe, deren Bedeutung für die Motivation und Lebensenergie ich im dritten Kapitel erörtert habe, bei genauerer Betrachtung eigentlich sind, dann lautet die Antwort: Es sind wohlwollende oder liebevolle Resonanzen, die wir uns gegenseitig geben. Im Gegensatz zum kognitiven Standbein der Empathie (mit dem wir uns in Kapitel 4 befasst haben), sind interpersonelle Resonanzen das emotionale Spielbein. Interessanterweise sind nicht nur Netzwerke für emotionale Stimmungen, für Schmerz und für die Handlungsplanung resonanzfähig, sondern auch die Selbstnetzwerke. Rückmeldungen über die positive oder negative Wertschätzung seitens einer Bezugsperson führen zu einer markanten positiven oder negativen Resonanzreaktion der Selbstnetzwerke: Die Mitteilung, man werde von einem Menschen, der einem etwas bedeutet, geringgeschätzt, führt zu einem sofortigen Aktivitätsrückgang, die Mitteilung einer Wertschätzung zu einer spontanen Aktivierung der Selbstnetzwerke.[10]

Einem anderen Menschen *hilfreiche* Resonanzen zurückzugeben, erfordert Feingefühl, Intuition, ein Gespür für den richtigen Moment und die richtige Dosis. Wer das im vorangegangenen Kapitel thematisierte Ansinnen verfolgt, für einen anderen Menschen zu einem »signifikanten Anderen« zu werden und mit ihm – oder mit ihr – eine Vertrauensbeziehung herzustellen (in helfenden, therapeutischen oder medizinischen Berufen eine Notwendigkeit), dem kann die Kunst, zum Gegenüber in Resonanz zu gehen, eine entscheidende Hilfe sein. Zwischenmenschliche Spiegelungs- und Resonanzreaktionen können allerdings auch destruktiv ausfallen oder sich irrational entwickeln, weshalb sie nicht per se »gut« sind (siehe dazu meine Ausführungen über emotionale Ansteckungsphänomene im Internet in Kapitel 10). Sie bedürfen daher der Begleitung unseres Verstandes. Soweit sie uns helfen, uns gegenseitig besser zu verstehen, uns mit positiver Ausstrahlung anzustecken, das soziale Zusammenleben zu stärken und die Liebe zu befördern, sind sie ein Teil der Eudaimonia, des »guten Lebens«.[11]

6. BIOTOPE DER EMPATHIE: ERZIEHUNG, BILDUNG, KULTURELLES LEBEN

Keine Empathie ohne liebevolle Erziehung

Empathie ist keine angeborene Eigenschaft, angeboren ist jedoch die Möglichkeit, sie zu entwickeln. Um selbst Empathie entwickeln zu können, muss der Mensch in den ersten Lebensjahren hinreichend Empathie erlebt haben. Das Kind empathisch zu behandeln, ist die Grundlage.[1] Menschliche Säuglinge kommen als fühlende Wesen, aber ohne ein »Selbst« zur Welt. Sie erwerben erste Anfänge eines Selbstgefühls erst im Verlauf der ersten beiden Lebensjahre. Die neuronalen Strukturen des Stirnhirns, in denen sich die Selbstnetzwerke einquartieren, sind zum Zeitpunkt der Geburt neuroanatomisch noch unreif und funktionsuntüchtig. Im Vergleich zu anderen Säugetieren zeigt der Mensch zum Zeitpunkt der Geburt eine besondere Unreife. Der Grund dafür ist die Zunahme des Kopfumfangs im Verlauf der letzten etwa zwei Millionen Jahre, was zur Folge hatte, dass die Natur die Geburt des Menschen »vorverlegen« musste. Evolutionär betrachtet, sind menschliche Säuglinge auch dann, wenn sie in der vierzigsten Woche, also zum gynäkologisch »richtigen« Zeitpunkt das Licht der Welt erblicken, Frühgeburten. Ihre motorische, sinnesphysiologische und kognitive Reife hinkt zum Zeitpunkt der Geburt etwa zwei Jahre hinter der anderer Säugetiere hinterher. Säuglinge sind in dieser Zeit daher in ganz besonderer Weise mit ihreren Bezugspersonen verbunden (in der Regel zunächst die Mutter). Dies wiederum ist der Grund, warum beim Menschen, wie ich in Kapitel 4 ausgeführt habe, »Ich« und »Du«, »Selbst« und »signifikanter Anderer« in besonderer Weise gekoppelt sind und warum der Mensch mehr als jede andere Spezies auf dieser Welt ein empathiebegabtes Lebewesen ist.

Bezugspersonen können mit einem Säugling in Beziehung treten, obwohl Neugeborene kein »Selbst« haben, also jene Instanz vermissen lassen, die uns Erwachsenen als soziale Ansprechadresse dient.[2] Wenn man nüchtern – sozusagen wie ein(e) Wissenschaftler(in) – beobachtet, wie Bezugspersonen, vorzugsweise Mütter, Großmütter oder Hebammen, mit einem Säugling kommunizieren, wird man feststellen, dass Säugling und Bezugsperson(en) sich fortlaufend – unbewusst und intuitiv – spiegeln und sich – unabsichtlich – in hohem Maße imitieren.[3] Die Kommunikation erfolgt über die im vorangegangenen Kapitel ausführlich erwähnten neuronalen Resonanzsysteme. Diese sind bei Geburt hinreichend funktionsfähig. Menschliche Säuglinge können am Beginn des Lebens zwischen »Innen« und »Außen«, zwischen »Selbst« und »Nicht-Selbst« noch nicht unterscheiden. In einer für sie unklaren, reizüberfluteten und chaotischen Welt suchen sie, abgesehen von der Brust (oder einem Ersatz derselben) Blickkontakt.[4] Bezugspersonen gehen zu den Lebensäußerungen des Säuglings, zu seinen Bewegungen, zu seinen stimmlichen Äußerungen und zum Level seiner vegetativen Erregung in Resonanz, was bedeutet, dass sie Aspekte dessen, was sie beim Säugling wahrnehmen, intuitiv imitieren, wobei sie ihrer Resonanzreaktion noch etwas (eine sogenannte »Markierung«) hinzufügen.[5] Die Resonanzen, die Säuglinge bei ihren Bezugspersonen auslösen, werden vom

Säugling wahrgenommen, sie kehren also zum Kind zurück. Das ganze »Spiel« ist ein wechselseitiger Prozess. Auch Säuglinge gehen in Resonanz, imitieren (im Rahmen ihrer beschränkten Möglichkeiten), was sie wahrnehmen, zum Beispiel eine ihnen ostentativ dargebotene Mimik. Auch was sie hören, beantworten sie mit Resonanz: Hört der Säugling Schreien, stimmt er sofort darin ein, auch wenn ihm selbst nichts fehlt.

Die Resonanzen, die ein Säugling – und später das Kleinkind – bei seinen Bezugspersonen auslöst und von diesen zurückerhält, geben dem Kind fundamentale Auskünfte (die sich ihm intuitiv offenbaren): Zum einen, *dass* es existiert, dass auf Seiten des Kindes ein »Jemand« sein muss. Zum anderen geben sie dem Kind eine Auskunft, *wer* es ist: Einfühlsame und zärtliche Resonanz signalisiert dem Kind, dass es auf dieser Welt willkommen und für andere Menschen eine Freude ist; demgegenüber lässt ein ständiger ungeduldiger Tonfall, genervtes Stöhnen oder gar Unmut seiner Bezugsperson(en) das Kind spüren, dass es seine Umgebungspersonen belastet, ihnen Stress bereitet und dass es sinnlos oder kontraproduktiv ist, sich bemerkbar zu machen und eigene Bedürfnisse anzumelden.[6] Die Informationen, die in den zum Kind zurückkehrenden Resonanzen enthalten sind (*dass* es ist und *wer* es ist), werden im Kind abgespeichert und werden zum Kern des kindlichen »Selbst«, dessen neuronale Korrelate sich im Verlauf der ersten beiden Lebensjahre im Stirnhirn des Kindes zu etablieren beginnen. Abhängig vom Grundtenor der Resonanzen, die dem Kind widerfahren sind, wird eine Person heranwachsen, die sich geliebt und liebenswert weiß oder sich als wertlos empfindet. Darüber hinaus dienen die abgespeicherten Resonanzerfahrungen dem Kind später als innere Muster, die darüber entscheiden, ob das Kind sich seinerseits in andere einfühlen und anderen selbst Empathie schenken kann.

Im Verlauf des zweiten und dritten Lebensjahres haben sich im Kind die Anfänge eines »Selbst« etabliert. Das bei Geburt noch völlig unreife Stirnhirn ist inzwischen hinreichend herangereift. Mit dem nun stattfindenden Spracherwerb und der Möglichkeit, »Nein« zu sagen, hat das Kind jetzt die Möglichkeit, seine Identität gegenüber seinen Bezugspersonen zu markieren.

Dem Kind Resonanz zu geben, bleibt die gesamte Kindheit und Jugend hinweg wichtig. Ab dem dritten Lebensjahr kommt die Möglichkeit und Notwendigkeit hinzu, das Kind liebevoll, aber auch konsequent anzuleiten, Gemeinsinn zu entwickeln und die Perspektive seiner Mitmenschen, vor allem seiner gleichaltrigen Spielkameraden, zu berücksichtigen, also zu warten, zu teilen und seine Impulse zu bremsen, wenn es für das gute soziale Miteinander erforderlich ist. Dazu bedarf es keiner drakonischen Maßnahmen, sondern eines immer wieder geduldigen Erklärens der Gründe für Einschränkungen. Indem Erwachsene das Kind zur Einhaltung von Regeln anleiten, bringen sie im Kind Netzwerke zur Reifung, die »oberhalb« der unteren Etage des Stirnhirns liegen und sozusagen das »Obergeschoss« der Selbstnetzwerke bilden: Die Funktion dieser oberen Netzwerke besteht darin, einen inneren Selbstbeobachter zu installieren und die Fähigkeit zu etablieren, eigene Impulse top-down zu bremsen, wenn es das gute Zusammenleben erfordert.

Empathie kann sich im Kind nur entwickeln, wenn es selbst Empathie erlebt hat: Dazu zählen vor allem Einfühlung in das Kind und für das Kind verlässliche Beziehungen, von denen es sich ohne Wenn und Aber getragen weiß. Ohne »sichere Bindungen« lebt das Kind in ständiger Angst und Sorge und kann daher nur sehr schwer selbst Empathie entwickeln.[7] Kinder, die in ihrer Herkunftsfamilie liebevolle Unterstützung erleben, zeigen – verglichen mit Kindern, die hier einen Mangel erleiden – eine signifikant bessere Gehirnentwicklung mit größeren Volumina der grauen Substanz.[8] Streng, mit harten Strafen und körperlichen Züchtigungen erzogene Kinder zeigen demgegenüber nicht nur ein gehäuftes Auftreten von psychischen Störungen, sondern auch eine Substanzverminderung des Stirnhirns und Veränderungen im Bereich der Angstzentren.[9] Dies kann nicht die anthropologische Bestimmung sein, wie Kinder erzogen werden sollten. Wir müssen alles, jedenfalls viel mehr als bisher dafür tun, dass das harte Strafen und Schlagen von Kindern, wie es vor allem in fundamentalreligiösen Familien nach wie vor üblich ist,[10] beendet wird. Kinder und Jugendliche sind für eine Humanität, und das heißt für eine freundliche, liebevolle Erziehung »gemacht«.

Warum Kinder spielen lassen und ihnen vorlesen?

Was können Eltern, Erzieher und Erzieherinnen jenseits einer sicheren Bindung und empathischen Begleitung des Kindes tun, um die Entwicklung der kindlichen Empathie zu fördern? Angesichts der Flut von digitalen Spielzeugen ist eine der einfachsten und zugleich wirksamsten Formen der Empathieförderung in den Hintergrund geraten: das kindliche Spiel.[11] Kinder miteinander spielen zu lassen ist für das Kind die schönste Art des Kindseins. Kinder unter sechs Jahren brauchen dazu, vor allem wenn Gleichaltrige direkt miteinander spielen, die Anleitung und Begleitung von Bezugspersonen. Besonders anregend für die Fantasie und die soziale Entwicklung des Kindes ist das Rollenspiel. Unabhängig davon, ob das Kind selbst in eine Rolle schlüpft oder ob es Spielfiguren in eine Rolle schlüpfen lässt: Nichts bietet dem Kind eine derart fantasiestimulierende und dabei völlig zwanglose Möglichkeit, die Perspektiven anderer auszuprobieren, zu erkunden und zu erfühlen wie das Spiel. Zu spielen ist kindliches Empathietraining pur.[12] Dazu passend zeigen neurowissenschaftliche Untersuchungen beim kindlichen Spiel eine Aktivierung empathierelevanter Gehirnbereiche.[13] Eine weitere Möglichkeit für Eltern und Erzieher und Erzieherinnen, die eigene Empathie ins Spiel zu bringen, ist das Vorlesen. Es hilft, die soziale Vorstellungskraft – eine bedeutsame Komponente der Empathie – anzuregen und wachsen zu lassen.[14] Wenn es zur Bestimmung des Kindes gehört, liebevoll erzogen zu werden, dann sind das Mit-dem-Kind-Spielen und das Vorlesen zwei der schönsten Möglichkeiten, dieses Versprechen einzulösen.

Kein »gutes Leben« ohne gute Schulen

Mit meinem Interesse für die Pädagogik befinde ich mich in einer langen Reihe von Arztkollegen. Die Schulprojekte, die ich seit mehr als zwei Jahrzehnten neben meiner ärztlichen und wissenschaftlichen Arbeit durchführe,[15] ließen mich die enorme Bedeutung der zwischenmenschlichen Beziehung für erfolgreiches Lehren und Lernen erkennen. Kinder oder Jugendliche, die von keiner Seite her einen auf sich gerichteten persönlichen Blick, eine auf ihre Person gerichtete Aufmerksamkeit erleben, können nicht aufblühen und die ihnen natürlicherweise eingepflanzte Wissensbegierde nicht entfalten. Bildung ist ohne die Gestaltung einer pädagogischen Beziehung – mit Eltern, ErzieherInnen und Lehrkräften – nicht zu haben. Interessant ist, dass mir zahlreiche Politiker, Bildungsplaner und Kultusbeamte, soweit sie sich selbst einer guten Bildung erfreuen, ausnahmslos davon berichteten, welche zentrale Rolle für ihren eigenen Bildungsweg fördernde Eltern, eindrucksvolle Mentoren und Lehrkräfte spielten.[16] Wenn sie jedoch Bildung für andere planen, bleibt dieser Aspekt ausgeblendet. Wie von Seelenblindheit geschlagen, beschäftigen sich unsere Bildungspolitiker vor allem mit der Zusammenstellung des Lernstoffes (mit dem sogenannten Curriculum) und mit der ständigen strukturellen Ummodelung des Bildungssystems.

Die wahre Misere unseres Bildungssystems ist weniger das System an sich, noch sind es die Lerninhalte (obwohl natürlich auch hier Verbesserungen möglich und nötig sind), sondern die Missachtung der Bedeutung der pädagogischen Beziehung. Kinder und Jugendliche wachsen in unseren westlichen Ländern zwar materiell überwiegend gut versorgt auf, erleben demgegenüber aber einen Mangel an fördernder und herausfordernder persönlicher Zuwendung. Wenn Vögel rufen, warten sie auf Resonanz eines Artgenossen. Wenn sie diese erhalten, verstärken sie das Singen. Wenn nichts zurückkommt, wird der Vogel verstummen oder wegfliegen. Jedes menschliche Verhalten ist eine unbewusste Suche nach Resonanz. Kinder und Jugendliche zeigen sehr unterschiedliches Verhalten. Auch abwehrendes oder aggressives Verhalten ist oft ein unbewusster Appell. Eine Welt, die nicht antwortet, macht apathisch, depressiv oder aggressiv und ist am Ende nur mit Suchtmitteln zu ertragen. Wenn Kinder und Jugendliche keine Resonanz auf das erhalten, was sie tun, wenden sie sich ab. In die Resonanzlücke stoßen dann die sozialen Medien und die sonstigen Angebote des Internets.[17] Um diese Lücke nicht weiter aufzureißen, brauchen wir Schulen (und Elternhäuser), die auf gelingende Beziehung fokussieren. Dies wiederum kann nur gelingen, wenn Lehrkräfte entsprechend ausgebildet sind, und wenn die Klassengrößen beziehungsweise Lerngruppen etwa 25 Schülerinnen und Schüler nicht überschreiten.

Beziehungsorientierte Pädagogik ist keine Watte-Pädagogik, sondern Pädagogik mit beidem: Empathie und natürlicher Autorität. Empathie im schulischen Kontext bedeutet, auf die Person der Kinder und Jugendlichen zu fokussieren, ihre Perspektiven zu berücksichtigen und sie (in einem tieferen, über das Optische hinausgehenden Sinne) zu »sehen«. »Natürliche Autorität« ist ein vom israelischen Pädagogen Haim Omer geprägter Begriff, der die Notwendigkeit beschreibt, mit Kindern und Jugendlichen über die Regeln im Gespräch zu sein, ohne die gemeinschaftliches Lernen, die Welt erforschen und Arbeiten nicht möglich ist. Natürliche Autorität bedarf keiner drakonischen Maßnahmen, sondern vor allem einer guten Zusammenarbeit zwischen Lehrkräften untereinander sowie zwischen Lehrkräften und Eltern. An beidem fehlt es in ganz erheblichem Umfang. Lehrkräfte unterliegen in einem hohen Maße der Gefahr, sich durch die schwierige Arbeit mit Schülerinnen und Schülern untereinander spalten zu lassen, was die Tendenz »schwieriger« Schüler erhöht, die in sich gespaltene Lehrerschaft weiter herauszufordern, so lange, bis nichts mehr geht. Auch die Zusammenarbeit zwischen Lehrer- und Elternschaft ist schlecht. Wenn Kinder und Jugendliche spüren, dass Eltern täglich auf der Lauer liegen und jede Gelegenheit wahrnehmen, das Kind vor der Schule zu »retten«, ist dies eine Steilvorlage für Kinder, jede noch so kleine (und noch so berechtigte) Frustration mit einer Lehrkraft zuhause zu denunzieren. Oft sind Eltern auch untereinander gespalten – auch dies eine wunderbare Einladung an das Kind, beide Elternteile gegeneinander auszuspielen. So funktioniert keine »natürliche Autorität«. Schulen, die von Spaltungslinien durchzogen sind, sind verloren.

Was eine Schule über Wasser halten kann, ist einzig und alleine eine gelingende Beziehungsgestaltung zwischen allen Beteiligten. In Schulen mit einer ethnisch und religiös vielfältigen Schülerschaft ist dies Schwerstarbeit. Der Lehrerberuf ist einer der herausforderndsten Berufe, welche die Gesellschaft zu vergeben hat. Wir brauchen dringend mehr beziehungskompetente Lehrkräfte, insbesondere auch Lehrerinnen und Lehrer aus den

Ethnien, aus denen die Kinder von Migrantinnen und Migranten stammen. Wir brauchen Lehrkräfte, die begreifen, dass ihre Arbeit heute – anders als früher – aus weit mehr besteht als aus der Vermittlung von Wissen. Wir brauchen mehr Schulpsychologen, vor allem solche, die sich nicht in ihre Büros verziehen, um ihre Arbeit dort auf die psychologische Testung auffälliger Kinder zu reduzieren, sondern die in Klassen gehen, das Geschehen dort begleiten und Lehrkräften helfen, schwierige Situationen zu meistern. Wir brauchen mehr Schulsozialarbeiter, die Familien, die sich in Schwierigkeiten befinden, auch zuhause aufsuchen, und die verhindern, dass Kinder oder Jugendliche von einer Schule »geworfen« werden. Die überwiegende Mehrzahl der Amokläufe an Schulen erfolgte durch Täter, die zuvor von ihrer Schule hinausgeworfen worden waren (meistens war der Tatort die Schule, von der sie entfernt worden waren).[18] Die sozialen Neurowissenschaften lassen grüßen: Ausgrenzung aktiviert die Schmerzsysteme, Schmerz aktiviert Aggression (siehe Kapitel 3).

Der Lehrerberuf gleicht dem Arztberuf: Fachwissen ist von zentraler Bedeutung, aber nicht hinreichend, um ein guter Lehrer, eine gute Lehrerin, ein guter Arzt oder eine gute Ärztin zu sein. Jeder kennt Ärzte von fachlich herausragender Qualität, deren Kommunikationsverhalten – zum Beispiel bei der Mitteilung oder Nachbesprechung einer Diagnose – man nur als Katastrophe bezeichnen kann. Leider gibt es auch Lehrer und Lehrerinnen, die ein Gespür für den Umgang mit schwierigen Situationen vermissen lassen. Oft wären sie eigentlich lieber Sprach- oder Literaturwissenschaftler, Biologen, Physiker oder Chemiker an der Universität geworden und betrachten das Lehrer-Dasein nun als zweitbeste Lösung. Solche Lehrkräfte taugen nichts. Wer Lehrer werden will, muss Kinder und Jugendliche von Herzen mögen. Ein Arzt, der Menschen nicht mag, sollte sein Leben in einem Labor oder in der Pathologie, aber nicht im

Kontakt mit Kranken verbringen. Leider bringen unsere Ausbildungsstätten nach wie vor eine große Zahl von Lehrkräften und Ärzten hervor, die für die Arbeit mit Schülerinnen und Schülern beziehungsweise mit Patientinnen und Patienten ungeeignet, zumindest nicht hinreichend ausgebildet sind.

Die Schulen in Deutschland fahren seit Jahren am Limit. Das Nichtgelingen der Beziehungsgestaltung zwischen Lehrenden und Lernenden ist der am stärksten auf den (fehlenden) Lernerfolg[19] und auf die (belastete) Lehrergesundheit durchschlagende Einzelfaktor. Viele haben den Eindruck, dass die Gewalt an Schulen zugenommen und die Fähigkeit zum empathischen Umgang abgenommen hat.[20] Vor diesem Hintergrund habe ich, mit Unterstützung der Berliner Bundesanstalt für Arbeitsmedizin und Arbeitsschutz (BAuA), das »Lehrercoaching nach dem Freiburger Modell« entwickelt, ein auf neurowissenschaftlichen Grundlagen basierendes, Manual-gestütztes Trainingsprogramm für schulische Lehrkräfte.[21] Unter den vielen Angeboten, die Lehrkräften gemacht werden, gehört das Freiburger Lehrergruppen-Programm zu den wenigen, die im Rahmen von Studien objektiv getestet und als wirksam befunden wurden. Dies war der Grund, warum es von der baden-württembergischen Landesregierung seit Jahren allen schulischen Lehrkräften angeboten wird und sich im gesamten deutschen Sprachraum – auch in Berlin – einer großen Nachfrage erfreut. Auch in Polen (in Warschau, Danzig und Stettin) sowie in Italien (Bozen, Meran) sowie in der Schweiz und in Österreich stieß das Programm auf großes Interesse, so dass ich auch dort Lehrkräfte unterweise. Empathie kann man nicht wie aus einem Buch lernen.[22] Das von mir entwickelte Programm hat das Ziel, Lehrkräfte für Beziehungsaspekte ihres Berufs zu sensibilisieren und erfahrbar zu machen, wie entlastend und regenerierend ein gemeinsames Nachdenken und Sprechen über schwierige Situationen im Beruf sein kann.

Was – jenseits einer empathischen Grundhaltung – in einer Schule Empathie fördern kann, sind spezifische Akzentsetzungen. Häufig werden, wenn gespart werden muss, ausgerechnet Angebote im Bereich Sport, Musik, Theater oder der Künste beschnitten. Der Sport, das Musizieren, die Theaterarbeit und die Befassung mit Literatur können die Fähigkeit zur Empathie besonders stärken. Wer Sport betreibt, lernt sich in Beziehung zu anderen zu setzen, Regeln einzuhalten, andere zu ermutigen, mit Konflikten umzugehen, Respekt und Fairness zu wahren, zu vertrauen und sich empathisch zu verhalten.[23] Die gegenseitige Ab- und Einstimmung, Synchronisation und die Fähigkeit zum Perspektivwechsel sind Kompetenzen, die auch beim gemeinsamen Musizieren, das Singen eingeschlossen, sozusagen unausweichlich, aber zwanglos eingeübt werden.[24] Unmittelbar evident ist, dass auch eine an der Schule installierte Theaterarbeit zur Entfaltung von Empathiepotentialen führen kann, nicht nur bei den Darstellerinnen und Darstellern, sondern auch bei den Mitschülerinnen und Mitschülern, die dann den Aufführungen beiwohnen.[25] Auch soziale Projekte können eine Zunahme der Empathiebereitschaft zur Folge haben.[26] Empathie wird auch dort gestärkt, wo Schülerinnen und Schüler sich mit Literatur befassen.[27] Im Übrigen bin ich, wie der von mir bereits erwähnte Philosoph Markus Gabriel, der entschiedenen Meinung, dass wir an Schulen, völlig unabhängig vom Religionsunterricht, einen verpflichtenden Philosophie-Ethik-Unterricht einführen sollten.

Kein »gutes Leben« ohne kulturelles Leben

Vor einiger Zeit führte meine Freiburger Kollegin Anja Göritz, Professorin für Wirtschaftspsychologie, ein Experiment durch, welches einen der vielleicht wichtigsten Aspekte des Kulturlebens und Kultur*er*lebens deutlich werden lässt: die Stärkung des Gefühls zwischenmenschlicher Verbundenheit.[28] Frau Göritz und ihr Team ließen junge Erwachsene einen kurzen, emotional traurig-bewegenden Filmausschnitt aus Steven Spielbergs Film »Schindlers Liste« anschauen.[29] Das Experiment sah vor, dass die eine Hälfte der Probandinnen und Probanden sich den Filmausschnitt in kleinen Gruppen vor *einem gemeinsamen* Bildschirm ansah, bei der anderen Hälfte betrachtete jede und jeder der Probanden, im gleichen Raum sitzend, den Filmausschnitt jeweils einzeln für sich *auf einem eigenen Bildschirm.* Anschließend ermittelten die Forscherinnen die Zunahme des Gefühls der Zusammengehörigkeit, der Verbundenheit und des Gefühls, den anderen Mit-Zuschauenden menschlich nahe zu sein. Dafür wurden mehrere wissenschaftlich etablierte Fragebogeninstrumente eingesetzt.[30] Alle teilnehmenden Personen waren – auch dies wurde gemessen – durch die Betrachtung des Filmausschnittes emotional traurig gestimmt, unabhängig davon, ob sie den Film alleine am eigenen Bildschirm oder zu mehreren an einem gemeinsamen Bildschirm gesehen hatten. Ein vermehrtes Gefühl der Zusammengehörigkeit und Verbundenheit sowie eine Zunahme des Gefühls, anderen menschlich nahe zu sein, hatte sich jedoch nur bei jenen eingestellt, die den Filmausschnitt zusammen mit anderen auf einem gemeinsamen Bildschirm angesehen hatten. Bei den anderen waren sogar eher gegenteilige Effekte zu beobachten.[31]

Im Mittelpunkt des Kulturschaffens und Kulturerlebens steht die gemeinsame Anteilnahme an den unendlichen Möglichkeiten des kreativen Selbstausdrucks des Menschen. Kultur, Kulturleben und Kulturveranstaltungen sind Herzkammern der Empathie und entspringen dem Wunsch des Menschen, über etwas Drittes – über die Musik, den Tanz, das Theater, den Film, die Literatur, die Malerei oder andere Kunstwerke – untereinander verbunden zu sein. Zwischenmenschliche Empathie kann sich, wie ich an früherer Stelle ausgeführt habe, sowohl durch intuitive Resonanz als auch durch bewusstes Nachdenken über die Perspektive meines Gegenübers zeigen. Die empathische Beziehungsaufnahme vollzieht sich beim Kunsterleben in zwei Richtungen: zum einen in Richtung des Kunstwerkes und des hinter dem Kunstwerk verborgenen Künstlers, zum anderen in Richtung derjenigen, die – so wie auch ich selbst – dem Kunstwerk begegnen. Kultur ist kein Selbstzweck, sondern immer ein Beziehungsgeschehen, dessen Aspekte allerdings verborgen sein können. Wenn jemand zuhause alleine Musik hört, alleine tanzt, alleine ein Museum oder die kulturellen Highlights einer fremden Stadt besucht, ist das damit verbundene Beziehungsgeschehen unsichtbar, weil es in die Erinnerung, in die Fantasie oder auf einen noch bevorstehenden Austausch über das Erlebte verlagert ist.

Das von Anja Göritz durchgeführte Experiment unterstreicht die Bedeutung des *gemeinsamen* physischen Erlebens von kulturellen Angeboten. In dieselbe Richtung weisen auch andere Studien.[32] Das synchrone Erleben, die gemeinsam erlebte Konzert- oder Theateraufführung, die gemeinsame Tanzveranstaltung, der mit anderen gesehene Film, ist ein Modus, der dem Internet völlig fehlt. Eine miteinander erlebte Situation hat eine interpersonelle Synchronisation neuronaler Netzwerke zur Folge.[33] Zwischenmenschliche Verbundenheit kann sich allerdings auch dann einstellen, wenn Personen ein Kulturereignis zunächst alleine (oder mit einer bestimmten Gruppe von Menschen) erleben und sich über dieses Erlebnis dann zeitversetzt mit anderen (oder mit einer anderen Gruppe) austauschen. Die Synchronisation ereignet sich dann durch diesen Austausch. Dies erklärt, warum Menschen das Bedürfnis haben, über etwas Erlebtes nicht nur zu erzählen, sondern auch

Bildmaterial (wie Fotos oder Videoclips) zu teilen: Es ermöglicht ein synchrones Miteinander-Erleben und erzeugt dadurch Verbundenheit.

Das Kulturleben erfreut sich, wie die SARS-CoV2-Epidemie gezeigt hat, im politischen Raum einer sehr unterschiedlichen Wertschätzung.[34] Wissenschaftliche Studien vermögen die segensreichen Effekte der Kultur auf den Menschen und auf das gesellschaftliche Zusammenleben eindrücklich zu belegen. Alle Arten des kulturellen Lebens in sämtlichen Bereichen der Kunst entfalten empirischen Studien zufolge ein starkes prosoziales und empathisches Potential, nicht nur bei den Kunstschaffenden, sondern vor allem bei denen, welche Kunst und Kultur einfach »nur« genießen dürfen.[35] Wenn Menschen sich gemeinsam an Musik erfreuen, erzeugt dies starke Gefühle der Verbundenheit und Zugehörigkeit und kann Gefühle gegenseitiger Empathie hervorrufen.[36] Manche erleben die Musik wie einen anderen Menschen, der ihnen die Einsamkeit nimmt.[37] Die Musik aktiviert so gut wie alle neuronalen Areale, die unser Gehirn bei sozialen Interkationen mit anderen Menschen ins Spiel bringt.[38] Die Musik überwindet ethnische, nationale und religiöse Grenzen. Die Klänge oder Gesänge einer fremden Kultur zu hören, begünstigt bei unvoreingenommenen Menschen eine sympathisierende Einstellung dieser Kultur gegenüber und ruft Gefühle der Sympathie hervor.[39] Miteinander zu musizieren trainiert bei den Musizierenden verschiedene Aspekte der Empathie: gemeinsame Aufmerksamkeit, Synchronisation und die intuitive Antizipation dessen, was andere im nächsten Moment tun werden.[40] Die Musik kann sogar Brücken zwischen Feinden schlagen: Speziell im Nahen Osten, einem der Brennpunkte der Weltpolitik, konnte die Musik ihre Frieden stiftende Wirkung unter Beweis stellen.[41]

Bildung und Kultur: Alliierte für Frieden

Das stärkste Gegengift gegen Angst, Vorurteile, Stereotype, Misogynie, Rassismus und Nationalismus sind Bildung und die Kultur. Das eine (die Bildung) kann das andere (die Kultur) nicht ersetzen. Der Mensch ist mit beidem ausgestattet, mit einer großartigen Vernunftbegabung und mit einem reichen Gefühlsleben. Eines der wichtigsten Kennzeichen eines gelungenen, »guten«, eudaimonischen Lebens ist, wenn Vernunft und Gefühle zusammenwirken, sich gegenseitig stärken und im Dienste guten sozialen Zusammenlebens stehen. Dass Gefühle, wenn sie durch Ängste irritiert und fehlgeleitet sind, allerdings auch das Potential haben, die Vernunft (zumindest zeitweise) auszuschalten, ist zu allen Zeiten und in jeder Epoche oft genug bewiesen worden. Wenn wir eine »neue Aufklärung« auf den Weg bringen wollen, wie der Philosoph Markus Gabriel zu Recht fordert, dann sind Bildung und Wissen die Türöffner. Ohne sie kann es keinen »Ausgang des Menschen aus seiner selbstverschuldeten Unmündigkeit«[42] geben. Was aber sowohl bei Markus Gabriel (und bei Immanuel Kant) als auch in der soziologischen Analyse von Andreas Reckwitz[43] nur wenig oder gar keine Beachtung findet, ist die Frage, wie die emotionalen Bedürfnisse des Menschen den Weg in eine humane und sozial befriedete Welt finden. Zum Ausgang des Menschen aus selbstverschuldeter Unmündigkeit gehört – neben Aufklärung – ein zweites: ein reiches, variantenreiches und diverses kulturelles Leben.

7. KEIN »GUTES LEBEN« OHNE SIE: DER EMPATHIE-ANSPRUCH DER NATUR

Ein Gegenüber, zu dem sie nicht in einer empathischen Beziehung stehen, werden Menschen letzten Endes auch nicht schützen. Diese Regel bewahrheitet sich nicht nur in Partnerschaften oder in der Beziehung, die Erwachsene zu Kindern, Lehrkräfte zu Schülern oder Ärzte zu ihren Patienten haben, sondern auch in der Beziehung des Menschen zur Natur. Die Beziehung zwischen Menschheit und Natur ist ganz offensichtlich gestört. Dies erklärt, warum wir Menschen nichts gegen den Klimawandel unternommen haben, obwohl uns die relevanten Zahlen und Fakten seit Jahrzehnten bekannt sind und obwohl das, was wir in diesen Jahren an klimatischen Katastrophen erleben, seit Jahren vorhergesagt wird. Die Beziehung zur Natur sollte uns am Herzen liegen. Sie leistet die wichtigsten Beiträge zur menschlichen Gesundheit.[1] Wir verdanken ihr zehntausende von Heilkräutern. Unendlich viele pharmazeutische Produkte sind von ihr »abgeschaute« und weiterentwickelte Produkte. Sich in der Natur aufzuhalten oder im städtischen Bereich Grün um sich zu haben hat einen signifikanten Effekt auf das menschliche Wohlbefinden, die körperliche[2] und die psychische[3] Gesundheit. Alleine schon der Blick auf Grün oder das Hören von Vogelgezwitscher hat erwiesenermaßen einen heilsamen Einfluss auf die Psyche des Menschen.[4] Wenn es gelänge, die Beziehung des Menschen zur Natur zu verbessern, hätte dies auch Auswirkungen auf die Beziehung des Menschen zu seinesgleichen: Studien zeigen, dass Menschen, die eine empathische Beziehung zur Natur haben, ein höheres Maß an zwischenmenschlicher Empathie zeigen – und umgekehrt.[5]

Ein Wiedereinstieg in eine empathische Haltung gegenüber der Natur wird sich nicht aus der ständigen Wiederholung ökologischer Weisheiten oder aus der Beschwörung guter Gefühle ergeben. Wir können den Weg zur Empathie mit der Natur bahnen, indem wir unsere Lebensweise umweltfreundlich gestalten. Von besonderer Bedeutung sind zwei spezifische Änderungen unseres Lebensstils, mit denen wir nicht nur der Naturzerstörung und dem Klimawandel entgegenwirken, sondern auch uns selbst einen Dienst erweisen, weil sie unser Erkrankungsrisiko und die Mortalität reduzieren. Die Änderungen, um die es geht, betreffen unser Mobilitätsverhalten und die Ernährung. Sich mehr zu bewegen als sich bewegen zu lassen reduziert sowohl Risikofaktoren für das Herz-Kreislauf-System als auch für Krebs. Wer vom Auto auf das Fahrrad umsteigt, leistet nicht nur einen Beitrag zur Reduktion des Klimagases CO_2, sondern reduziert innerhalb eines zwanzigjährigen Zeitraums auch sein Mortalitätsrisiko um bis zu 20 Prozent.[6] Wer seine Ernährung auf fleischarme oder fleischfreie Kost umstellt, trägt nicht nur dazu bei, dass die Rodung der großen Wälder dieser Erde gebremst wird,[7] sondern reduziert sein Risiko für Herz-Kreislauf- und Krebserkrankungen und gewinnt wertvolle Lebensjahre.[8]

Die ökologische Situation wird es erforderlich machen, in den nächsten Jahren top-down einschneidende Regelungen zum Schutz des Klimas zu erlassen. Wir werden Einschränkungen beim Individual- und Flugverkehr (unter anderem durch eine Verteuerung von Treibstoffen und Flugpreisen), eine

Verteuerung der umweltschädlichen und tierethisch inakzeptablen Fleischproduktion, strengere Auflagen zum Zwecke der Abfallvermeidung bis hin zu Beschränkung des Wasserverbrauchs (wegen der überall zunehmenden Trockenheit) erleben. Sein Verhalten erst dann und nur deshalb zu ändern beziehungsweise ändern zu müssen, weil Auflagen es top-down erzwingen, entspricht nicht dem, was mit Sinn-geleitetem, eudaimonischem, »gutem« Leben gemeint ist. Sinn-geleitet zu leben bedeutet, aus freien Stücken, also bottom-up das tun, was aus Gründen der Vernunft das als richtig Erkannte ist.[9] Dies entspräche dem, was »Aufklärung« meint. Das innere Momentum, die nachhaltige Motivation für eine umweltgemäße Veränderung des eigenen Lebens wird sich aber nicht durch die Vernunft alleine, sondern nur dadurch ergeben, dass wir auch die Natur zu einem Biotop unserer Empathie machen.

8. »GUTES LEBEN« TROTZ DIAGNOSE? ERKRANKUNGEN ALS BELASTUNG UND CHANCE

Eine Entfremdung erleidet der moderne Mensch nicht nur, wie im vorangegangenen Kapitel ausgeführt, gegenüber der Natur, sondern auch der eigenen Person, seinem »Selbst« gegenüber. Wie wir alle spüren, kommen wir nur noch wenig oder selten dazu, in uns zur Ruhe zu kommen und ganz bei unserem »Selbst« zu sein. Ein sehr häufiger und nur zu verständlicher Grund für eine Selbstentfremdung liegt darin, sich nicht liebenswert zu fühlen. Ein solches Gefühl reicht meistens biografisch weit zurück und hat seine Ursache in den Umständen unserer frühen Kinderjahre. Ein weiterer Grund für eine Selbstentfremdung kann aber auch in den Umständen liegen, in die sich unser Leben hineinentwickelt hat. Nicht alles, was sich in der Biografie eines Menschen abspielt, war von ihm so gewollt. Versagungen, Schicksalsschläge, soziale Benachteiligung, aufgedrückte Belastungen und Pflichten zwingen unzählige Menschen in ein Leben hinein, von dem sie immer deutlicher spüren, dass es nicht *ihr* Leben ist. Manchmal stecken Menschen in Beziehungen fest, die sie sehr stark einschränken, die sie vielleicht gar nicht eingehen wollten, aus denen sie aber nur sehr schwierig herauskommen können. Einengende Konstellationen und Situationen dieser Art können das Gefühl mit sich bringen, nicht das eigene Leben zu leben.[1] Oft schleichen sich, um das Leben irgendwie erträglich zu machen, in einer solchen Situation gesundheitsschädliche Lebensstile ein: ungesunde Nahrungsmittel, zu viel Fett und Süßigkeiten, Alkohol, Zigaretten, Cannabis oder andere Drogen. Eine solche Situation begünstig das Risikogen-Muster der chronischen, »unter dem Radar fliegenden« Entzündung (siehe Kapitel 2) und das Auftreten von Erkrankungen.

Die Zivilisation bürdet jedem Menschen ein gewisses Maß von Selbstentfremdung auf. Wie aber überall im Leben, so kommt es auch hier auf das Maß an. Ob wir uns noch »im grünen Bereich« befinden oder nicht, spürt jeder Mensch selbst: Man sollte sein Leben lieben können, es sollte uns – trotz vorhandener Einschränkungen – Freude machen. Wo das nicht (mehr) der Fall ist, dort beginnt der »rote Bereich«, dort kann man im eigenen »Selbst« nicht zuhause sein. Dann ist der Weg zu einem Sinn-geleiteten, »guten« Leben im Sinne der Eudaimonia, wie wir sie im zweiten Kapitel kennengelernt haben, versperrt. Ein Leben zu leben, das nicht das eigene ist, kann nicht Sinn-gleitet sein und das günstige Genaktivierungsmuster (mit einer Herabregulation der Risikogene) nicht hervorrufen, welches wir im zweiten Kapitel kennengelernt haben. Dies bedeutet, dass sich eine chronische, »unter dem Radar fliegende« Entzündung entwickeln kann. So kommt es mittel- und langfristig zu einem erhöhten Risiko für die Entwicklung einer Herz-Kreislauf-, Krebs- oder Demenzerkrankung. Natürlich spielen für jede Erkrankung immer mehrere Faktoren eine Rolle, von denen wir nicht alle kontrollieren können. Niemand ist an seiner Erkrankung schuld. Worauf es ankommt, sind die Chancen, die sich bei Stellung einer Diagnose auftun, um der Krankheit etwas entgegenzustellen. Wie lassen sich die Selbstheilungskräfte unseres Körpers aktivieren? Was kann jeder Mensch selbst tun, um auch dann, wenn eine Diagnose im Raum steht, den Weg zu einem »guten Leben« zu finden?

»The Median Isn't the Message«: Die Chance, der Krankheit etwas entgegenzusetzen

Die Mitteilung einer ernsten Diagnose ist zunächst ein Schock. Die betroffenen Personen brauchen Beistand und soziale Unterstützung, um die neu entstandene Situation zu klären, zu ordnen und anstehende Entscheidungen hinsichtlich der medizinischen Behandlungsmöglichkeiten zu fällen. Wenn diese erste Phase überstanden ist, stellt sich die Frage, wie es weitergeht. Jetzt besteht die Chance, dem eigenen Leben eine neue Richtung zu geben. Krankheiten sind kein endgültiges Urteil. Ein und dieselbe Erkrankung kann einen sehr unterschiedlichen Verlauf nehmen. Darauf können Kranke Einfluss nehmen.

Stephen Jay Gould, ein auf seinem Gebiet international bekannter, einst an der Harvard-Universität lehrender Evolutionsbiologe, erhielt im Alter von 42 Jahren die Diagnose eines Mesothelioms, eines bösartigen Krebses im Bereich der Brusthöhle. Laut Lehrbuch überleben die meisten Betroffenen diesen Tumor nur acht Monate. Gould unterzog sich zunächst einer schulmedizinischen Behandlung. Er begann, einen gesunden und selbstfürsorglichen Lebensstil umzusetzen, und überlebte seinen Tumor volle zwanzig Jahre. Da er, wenn es nach dem Mittelwert der Krankheitsverläufe (Englisch: »Median«) gegangen wäre, nur acht Monate hätte leben dürfen, schrieb er über seine persönliche Krankheitserfahrung einen Text mit der Überschrift: »The Median Isn't the Message« (Der Mittelwert ist nicht die Botschaft).[2] In der wissenschaftlichen Literatur finden sich mehr als tausend dokumentierte Fälle, in denen bösartige Tumore entweder »lehrbuchwidrig« nicht weitergewachsen sind oder sich gar – bis hin zum völligen Verschwinden – zurückentwickelt haben.[3]

»Keine falsche Hoffnung, aber auch keine falsche Hoffnungslosigkeit!« Die Alternativmedizin tendiert zur falschen Hoffnung, die Schulmedizin zur falschen Hoffnungslosigkeit. Ich würde den Satz gerne mit seinen *beiden* Teilen gemeinsam vertreten. Mein Kollege und Freund, der Psychoonkologe Elmar Reuter, von dem das Zitat stammt, beschreibt in seinem Buch *Mehr Jahresringe als erwartet* eindrucksvolle Überlebensgeschichten nach schwerer Krebserkrankung.[4] Alle Patientinnen und Patienten hatten sich zunächst einer schulmedizinischen Behandlung unterzogen. Sie hatten es dabei aber nicht belassen, sondern ihrem Leben – mit psychotherapeutischer Begleitung – eine neue Wendung gegeben und erstaunlich gute Verläufe ihrer Krankheit erlebt.

Die US-amerikanische Psychologin Kelly Turner widmete ihre Doktorarbeit an der University of California in Berkeley zwanzig Patientinnen und Patienten, bei denen sich ein medizinisch nachgewiesener bösartiger Tumor zurückgebildet hatte und schließlich nicht mehr nachweisbar war.[5] Das gemeinsame Merkmal aller von ihr untersuchten Fälle war auch hier eine radikale Wendung, welche die Betroffenen ihrem Leben gegeben hatten. Wie Elmar Reuter und ich selbst, so empfiehlt auch Kelly Turner, die schulmedizinischen Behandlungsangebote zu nutzen, es dabei aber nicht zu belassen (Näheres siehe nachfolgend »Dem Leben eine Wendung geben« – Was heißt das konkret?). Nicht nur Krebserkrankungen, auch Herz-Kreislauf-Erkrankungen sind kein endgültiges Urteil. Der seinerzeit an der University of California in San Francisco tätige Medizinprofessor Dean Ornish konnte in mehreren dazu durchgeführten Studien zeigen, dass Herzanfälle um 90 Prozent zurückgehen und Verengungen (Stenosen) der Herzkranzgefäße sich sogar teilweise zurückbilden können (!), wenn Menschen ihren Lebensstil radikal ändern.[6]

»Dem Leben eine Wendung geben« – Was heißt das konkret?

Was hatten die nach einer Krebsdiagnose genesenen Menschen, die Kelly Turner untersucht hatte, konkret getan? Das Gemeinsame der zwanzig von ihr untersuchten Fälle mit spontaner Remission einer Krebserkrankung war: Alle Betroffenen hatten den Entschluss gefasst, sich nach Erhalt der Diagnose aktiv um ihre Gesundheit zu kümmern; alle hatten ihre Ernährung radikal umgestellt; alle hatten begonnen, sich mit ihren Gefühlen zu befassen und unterdrückten Gefühlen Ausdruck zu verleihen; alle hatten zwischenmenschliche Unterstützung in Anspruch nehmen können und angenommen; alle hatten sich mit der Frage nach dem Sinn ihres Lebens befasst; und alle hatten einen starken persönlichen Grund gefunden, warum sie weiterleben wollten. In ihren neuesten Publikationen betont Kelly Turner die Bedeutung eines weiteren Faktors: vermehrte körperliche Bewegung (siehe dazu unten).

Was bei den von Elmar Reuter und seinem Team begleiteten Menschen mit besonders guten Verläufen auffiel, war, dass es auch diesen Betroffenen im Verlauf der psychotherapeutischen Arbeit gelungen war, ihr Leben zu ändern. Seine Patientinnen und Patienten hatten in sich etwas »Rebellisches« entdeckt und ihr Privatleben neu sortiert. Einige hatten sich aus belastenden oder als fremd empfundenen Verpflichtungen oder beruflichen Tätigkeiten gelöst. Stattdessen hatten sie begonnen, neue Freundschaften zu schließen und Dinge, die sie insgeheim schon immer tun wollten (insbesondere Hobbys, neue Tätigkeiten, freiwillige Engagements und anderes), zu realisieren. Kurz: Sie hatten begonnen, mehr von dem zu tun, was ihnen wirklich am Herzen lag. Sie hatten etwas getan, um in einem bisher als entfremdet empfundenen Leben endlich selbst heimisch zu werden. Wem dies gelungen ist, erlebt sein Leben als »Sinn-geleitet«.

Die Situation nach der Diagnose einer ernsten Erkrankung gleicht derjenigen nach einem Trauma:[7] Wenn die Schockphase nach einem Trauma überwunden wurde und die notwendige akute Behandlung erfolgt ist, gelingt es einem Teil der traumatisierten Menschen ungeachtet des ihnen zugefügten Leids, eine positive innere Entwicklung zu nehmen, die als »Posttraumatisches Wachstum« (Englisch: Posttraumatic Growth, abgekürzt PTG) bezeichnet wird.[8] Die Kennzeichen des damit bezeichneten inneren Wachstumsprozesses sind: eine neue Wertschätzung dem Leben gegenüber; die Neubestimmung dessen, was einem im Leben wirklich wichtig ist; die Vertiefung guter zwischenmenschlicher Beziehungen; die Entdeckung bisher nicht gekannter eigener persönlicher Stärken; das Erkennen der Möglichkeit, dem eigenen Lebensweg eine neue Richtung zu geben; schließlich ein neu erwachendes oder vertieftes Interesse an Fragen nach dem Sinn des Lebens. Eine solche Entwicklung ist nicht nur bei traumatisierten Menschen möglich, sie wäre auch jedem von einer ernsten Diagnose betroffenen Menschen zu wünschen. Sie kann von einem betroffenen Kranken nicht eingefordert noch kann sie ihm angeordnet werden. Sie muss von innen kommen und einer Lust entspringen. Menschen, die dem Kranken liebevoll oder zärtlich zugewandt sind, können dazu aber einen Anstoß geben.[9] Sie sollten sich aber nicht mit einer Therapeutenrolle übernehmen, sondern sich gegebenenfalls darauf beschränken, ihrem geliebten Kranken eine qualifizierte psychotherapeutische Begleitung zu empfehlen.

Gibt es eine Lust auf gesundes Leben?

Eines liebevollen Anstoßes bedarf es bei erkrankten Menschen nicht nur mit Blick auf einen psychischen Neuanfang. Psyche und Körper bilden eine Einheit, haben sich aber – nicht nur bei vielen Erkrankten, sondern bei fast allen Menschen – voneinander entfremdet. Bei den meisten, die eine Herz-Kreislauf- oder Krebs-Diagnose mitgeteilt bekommen, liegt die allgemeine Selbstfürsorge im Argen, vor allem was die Ernährung und die fehlende körperliche Bewegung betrifft. Zu Veränderungen kommt es nach meiner Erfahrung nur dann, wenn eine neue Lust am Leben und eine Neugier auf einen anderen Lebensstil geweckt werden kann. Die beiden größten Hindernisse sind die Gewohnheit und das persönliche Umfeld. Eine Umstellung der Ernährung ist nur zu schaffen, wenn sie von der Familie und vom Freundeskreis mitgetragen wird.[10] Erkrankte, deren Angehörige oder Freunde eine gesunde Lebensführung lächerlich machen, sollten darüber nachdenken, ob sie von den richtigen »Freunden« umgeben sind. Ein Mehr an Bewegung ist vor allem durch die Teilnahme an entsprechenden Kursen oder Gruppen zu erreichen. Wer an Krebs erkrankt ist und seinem Leben eine neue, heilsame Richtung geben möchte, sollte den Alkohol, der auch bei mäßigem Konsum krebsfördernd ist,[11] aus seinem Speiseplan streichen und den Konsum von Fleisch stark reduzieren oder ganz beenden.[12] Fleischprodukte und Alkohol leisten außerdem einen wesentlichen Beitrag zum Übergewicht, welches wiederum ein eigenständiges Krebsrisiko darstellt. Die Umstellung auf eine vorzugsweise vegetarische Ernährung empfiehlt sich auch für Menschen mit Herz-Kreislauf-Erkrankungen.[13] Wer dem Irrtum anhängt, dass eine vegetarische Ernährung ein freudloses Leben nach sich ziehe, der – oder die – möge sich von einem lieben Menschen zu einem Lunch oder Abendessen in ein vegetarisches Restaurant einladen lassen und sich vom Gegenteil überzeugen. Die israelisch-arabische, asiatische und mediterrane, aber auch die deutsche Küche ist überreich an wunderbaren vegetarischen Speisen.

»Gutes Leben« durch posttraumatisches Wachstum, gesunde Ernährung und Bewegungslust

Das Erste, was eine Schwangere von ihrem Kind im Mutterleib spürt, ist, abgesehen von der Zunahme ihres Bauchumfangs, dass sich das Kind bewegt. Die Lust des Fötus am Sich-Bewegen nimmt im Verlauf der Schwangerschaft erheblich zu, meistens – wenn auch nicht immer – zur Freude der Mutter. Die Bewegungen Neugeborener, auch ihre motorischen Reflexe, sind noch von keiner Intention geleitet. Doch sie zeigen eines an: Hier ist Leben. Die Lust, auf allen vieren zu krabbeln, und der Ehrgeiz, schließlich auf zwei Beine zu kommen, sind ungebremst – bis wir die Bewegungsfreude mit aller Macht bremsen und dem Kind beibringen, stillzuhalten und stillzusitzen. Neuerdings bedarf es dazu kaum noch repressiver Maßnahmen, nachdem wir die Kleinen wie Süchtige an ihre Bildschirme gefesselt halten. Was ist nur aus uns geworden? Wer sich nicht mehr bewegen darf, verliert an Lebensfreude, wer sich des Lebens nur noch eingeschränkt erfreut, bewegt sich weniger. Tatsächlich bedingen sich Depression und Übergewicht gegenseitig, sie sind zwei Seiten ein und derselben Medaille.[14] Mehr als zwei Drittel der männlichen und mehr als die Hälfte der weiblichen Bevölkerung sind in Deutschland übergewichtig, jeweils die Hälfte dieser beiden Gruppen sogar adipös (fettsüchtig). Der moderne

Mensch befindet sich in einem Teufelskreis: Übergewicht und Depression machen Bewegung schwierig, umgekehrt hat der Bewegungsmangel Übergewicht und Depression zur Folge. Zu den wirksamsten Behandlungsmethoden der Depression gehören in modernen psychosomatischen Kliniken Bewegungstherapien (Yoga, angeleitete Sportgruppen, Wanderungen in der freien Natur).

Was das Absterben der Bewegungslust für das Aufkommen von Krebs- und Herz-Kreislauf-Erkrankungen bedeutet, wurde über Jahre hinweg unterschätzt. In jedem Menschen gibt es, versteckt unter der Fettschicht unserer Bäuche und unterdrückt von der auf uns allen mehr oder weniger lastenden Depressivität, eine verborgene tiefe Lust an der Bewegung. Diese gilt es wiederzuentdecken. Fehlende Bewegung ist ein Risikofaktor sowohl für Krebs-[15] als auch für Herz-Kreislauf-Erkrankungen[16]. Für diejenigen unter uns, die von einer dieser beiden Erkrankungen betroffen sind, ist das »Spiel« noch nicht verloren, im Gegenteil: In den Korb der Selbstheilungskräfte gehören neben der psychischen und sozialen Neuorientierung in Richtung eines posttraumatischen Wachstums und neben der Umstellung der Ernährung als weitere, dritte Komponente der Versuch, dem eigenen Körper eine maßgeschneiderte Dosis an Bewegung zuzuführen. Krebs-[17] und Herz-Kreislauf-Kranke[18], die sich dieser Herausforderung stellen, erhöhen die Chance eines guten Krankheitsverlaufes, verlängern ihre Lebenszeit, verbessern ihr Lebensgefühl und haben die Chance, die vor allem bei Krebserkrankungen häufig auftretende chronische Müdigkeit (»Fatigue« genannt) zu überwinden.

Einsteigern, die bislang keinen Zugang zu einer Sportart hatten, empfehle ich die Teilnahme an einer Yoga-Gruppe. Wer gerne wandert, schwimmt oder Fahrrad fährt, sollte sich mindestens einmal, wenn möglich mehrmals die Woche einen Ruck geben und sich bis zu 40 Minuten ohne jeden Ehrgeiz (!) leicht- bis mittelgradig belasten. Alle Arten von Sport haben günstige Veränderungen der Gen-Aktivitäten zur Folge.[19] An Brustkrebs erkrankte Frauen, die an einem Achtsamkeitskurs teilnahmen, der auch Yoga miteinschloss, zeigten eine Herabregulation der Risikogene, die Krebs- und Herz-Kreislauf-Erkrankungen begünstigen.[20] Hier schließt sich der Kreis zum zweiten Kapitel dieses Buches. Wer alle drei genannten Komponenten in den Korb der Selbstheilungskräfte gibt, ist auf gutem Weg zu einem eudaimonischen, Sinn-geleiteten Leben.

9. DEMENZ DURCH VERLUST VON LEBENSSINN? WIE WIR VORBEUGEN UND HELFEN KÖNNEN

Das menschliche Gehirn gehört zu den wunderbarsten Entwicklungen der Evolution. Es vereint Subjektivität, womit seine Bedeutung als erlebende Instanz gemeint ist, und Objektivität, die sich in seinen materiellen und neurophysiologischen Grundlagen zeigt. Subjektivität und Objektivität des Gehirns beeinflussen sich gegenseitig. Die neuronalen, materiellen Grundlagen sind Voraussetzung für subjektives Erleben, können es aber nicht vollständig erklären. Umgekehrt hat die Subjektivität des Menschen, also das, was er erlebt oder tut, Auswirkungen auf die neuronalen Funktionen und Strukturen des Gehirns. Die Erforschung des Weges von den neuronalen Grundlagen zur Funktion waren über viele Jahrzehnte der alleinige Schwerpunkt der neurowissenschaftlichen Forschung. Erst seit relativ kurzer Zeit wurde deutlich, dass die Art, wie wir unser Gehirn gebrauchen, sich umgekehrt auch auf seine materiellen Strukturen auswirkt. Das im zweiten Kapitel für das menschliche Erbgut eingeführte Bild einer Klaviatur, die von der Art, wie wir leben, bespielt wir, gilt in ganz besonderer Weise auch für das Gehirn: Was wir erleben, was wir tun und welchen Lebensstil wir pflegen, wirkt sich auf die stofflichen Strukturen des Gehirns aus. Sicherheit, Freundlichkeit, Bildungsangebote und anregende Umgebungsbedingungen begünstigen das Gehirnwachstum. Unsicherheit, Angst, soziale Isolation, Vernachlässigung oder Gewalt fügen nicht nur der Psyche, sondern auch dem Gehirn strukturellen Schaden zu.[1]

Sinn und »gutes Leben« im Sinne der Eudaimonia sind keine metaphysischen Konstruktionen, sondern eingebettet in zwischenmenschliche Kontexte. Wenn bedeutsame zwischenmenschliche Kontexte zerfallen, kann dies eine Sinnkrise nach sich ziehen. Zwischenmenschliche Erschütterungen können nicht nur die spirituellen, den Lebenssinn betreffenden Grundlagen eines Menschen erschüttern. Wenn zusätzliche schwächende Faktoren hinzukommen, können auch kognitiv-intellektuelle Kompetenzen in Mitleidenschaft gezogen werden. Natürlich sind die Gesetze, nach denen die objektive Realität, in der wir leben, funktioniert, nicht von zwischenmenschlichen Beziehungen abhängig. Die Handlungssequenz, die durchlaufen werden muss, um sich eine Tasse Kaffee zuzubereiten, ändert sich nicht mit den zwischenmenschlichen Beziehungen desjenigen Menschen, der sich eine Tasse Kaffee machen möchte. Ob wir die Gesetze, nach denen die Welt funktioniert, aber in uns abspeichern und dann präsent halten können, kann sehr wohl mit unseren zwischenmenschlichen Beziehungen zu tun haben. Ein schwer depressiver Mensch, für den die Welt keinen Sinn mehr macht, verliert nicht nur jede Motivation, er hat zeitweise auch keinen Zugriff mehr auf Teile seines Weltwissens.[2] Anders als bei der Depression sind die im Rahmen einer Demenzerkrankung auftretenden kognitiven Beeinträchtigungen im Prinzip nicht reversibel, sie können aber, je nach zwischenmenschlichem Kontext, erheblich schwanken. Angehörige berichten oft, dass ihr Demenzerkrankter in einer bestimmten (zum Beispiel in der häuslichen) Umgebung keinen Kaffee mehr zubereiten konnte, dazu aber in anderer Umgebung, zum Beispiel bei einem Besuch im Haushalt eines der erwachsenen Kinder plötzlich in der Lage war.

Vaskuläre Demenz und Alzheimerkrankheit

Einige Jahre meiner ärztlichen Arbeit und Forschungstätigkeit waren den Demenzerkrankungen gewidmet. »Demenz« ist keine einheitliche Erkrankung, sondern ein Oberbegriff für Krankheiten, die mit einem irreversiblen krankhaften Abbau der geistigen Leistungsfähigkeit einhergehen. Die beiden häufigsten Demenzformen sind die Alzheimerkrankheit sowie die sogenannte vaskuläre Demenz (früher als »Gehirnverkalkung« bezeichnet, weitere, seltenere Demenzformen werden von mir hier nicht erwähnt). Eine vaskuläre Demenz entwickelt sich auf dem Boden von Schädigungen, Verschlüssen oder Blutungen der Blutgefäße. Ein langjähriger Bluthochdruck oder Diabetes kann – ohne Schlaganfall – zur Schädigung kleiner Blutgefäße des Gehirns mit einer sich dann meistens langsam entwickelnden Demenz führen. Schlaganfälle werden durch den Verschluss oder durch Blutungen größerer Blutgefäße verursacht. Sie treten mit ihren Symptomen (Sprachstörungen, Lähmungen) sehr plötzlich auf und hinterlassen, wenn sie überlebt werden, dann oft (nicht immer!) eine Demenz. Risikofaktoren für einen Schlaganfall sind wiederum der Bluthochdruck sowie Herzrhythmusstörungen. Kleine und größere Gefäße können in Kombination von einer Schädigung betroffen sein. Eine Vorgeschichte mit Bluthochdruck, Diabetes und Herzrhythmusstörungen spricht für eine vaskuläre Demenz. In ihren gesunden Jahren waren die Betroffenen oft sehr energische, kraftvolle Menschen.

Von der vaskulären Demenz ist die Alzheimerkrankheit zu unterscheiden, bei der nicht Blutgefäße, sondern Nervenzellen und die zwischen ihnen liegenden Kontaktstellen (Synapsen) geschädigt sind.[3] Über 95 Prozent der an Alzheimer erkrankten Menschen leiden an einer nichterblichen Form der Erkrankung. Über die Alzheimerdemenz erschien ein von mir verfasstes medizinisches Fachbuch[4]. Meine Arbeitsgruppe entdeckte in den Gehirnen verstorbener Alzheimerpatientinnen und -patienten den Immun-Botenstoff Interleukin-6[5]. Interleukin-6, an dessen Entdeckung ich wenige Jahre zuvor beteiligt gewesen war,[6] zählt zur Gruppe der im zweiten Kapitel dieses Buches erwähnten Risikogene.[7] Nur zur Erinnerung: Wenn sie aktiviert sind, zeigen diese Risikogene einen Störungszustand im Körper der betroffenen Menschen an, rufen eine »unter dem Radar fliegende« schleichend-chronische Entzündung hervor und erhöhen auf mittlere und lange Sicht das Risiko für Herz-Kreislauf-, Krebs- und Demenzerkrankungen. Da außer Interleukin-6 weitere Genprodukte aus der Reihe der Risikogene in Alzheimergehirnen nachgewiesen wurden,[8] ist die Annahme naheliegend, dass eine erhöhte Aktivität der Gruppe der Risikogene nicht nur zur Entwicklung von Herz-Kreislauf- und Krebs-Erkrankungen, sondern auch von Demenzerkrankungen beitragen kann. Da sich die krankmachenden Effekte einer schleichend-subakuten Entzündung erst mittel- bis langfristig zeigen, würde dies dafürsprechen, dass der Alzheimerkrankheit ein längerfristiger psycho-biologischer Störungszustand vorangeht.

Die Alzheimerdemenz als psycho-biologische Erkrankung

Für die Jahre und Jahrzehnte vor Ausbruch der Erkrankung werden (spätere) Alzheimerpatientinnen und -patienten von ihren Angehörigen meistens als überaus warmherzig, liebenswürdig und Streit vermeidend beschrieben. Bei einer Untersuchung von Biografien von Alzheimerpatientinnen und -patienten fand meine Arbeitsgruppe ein Lebenslaufmuster mit einer Häufung von Traumatisierungen im Kindesalter, in der mittleren Lebensphase, dann eine Tendenz zu verminderter Autonomie (stattdessen eine starke Anlehnung an hochkompetente PartnerInnen), schließlich im Vorfeld der Entwicklung erster Symptome schwere Stressereignisse.[9] Die in unserer Untersuchung festgestellten Stressereignisse, die etwa ein halbes bis zwei Jahre vor dem Auftreten erster Symptome lagen, betrafen den Verlust oder den drohenden Verlust von Bezugspersonen. Es handelte sich dabei um Bezugspersonen, die in den vorangegangenen Jahren für die persönliche psychische Stabilisierung der dann später Erkrankten große Bedeutung als eine Art »äußerer Anker« hatten. Das Wegbrechen oder das drohende Wegbrechen dieser Person bedeutete für die kurz darauf erkrankten Personen ein Zerbrechen ihres – aufgrund früher Traumatisierungen ohnehin geschwächten – Lebenszusammenhangs und ein Zerfall des persönlichen Sinngefüges. Angst und Stress können zur Freisetzung von Botenstoffen wie Cortison und Glutamat führen, die neuronale Strukturen schädigen und Nervenzellen in den Untergang treiben können.

Leider steckt die Alzheimerforschung seit Jahren in einer Sackgasse, weil der Mainstream der Forscher sich auf die Hypothese versteift hat, dass mit dem Alter auftretende Ablagerungen im Gehirn, sogenannten Amyloid-Plaques, die Ursache der Erkrankung seien. Der Erste, der erkannt hatte, dass diese Ablagerungen, die in früherer Zeit als »Drusen« bezeichnet wurden, höchstwahrscheinlich nichts mit der Verursachung der Erkrankung zu tun haben, war kein Geringerer als Alois Alzheimer.[10] Der Grund: Amyloid-Plaques finden sich – zum Teil sehr zahlreich – auch in den Gehirnen von Menschen, die im Alter ohne Anzeichen einer Demenz verstorben sind. Umgekehrt fanden und finden sich zahlreiche Fälle von Dementen, die nach dem Tode nur wenige Amyloid-Ablagerungen aufwiesen. Alzheimers Verdienst war, dass er in den Gehirnen von später mit einer Alzheimerdemenz verstorbenen Menschen eine neue, bis dahin nicht bekannte Form der Nervenzellschädigung, die sogenannte »neurofibrilläre Degeneration« entdeckte. Diese Entdeckung veranlasste den seinerzeit führenden deutschen Psychiater Emil Kraepelin, Demenzen mit neurofibrillärer Degeneration nach Alzheimer zu benennen. Die Geschichte der Alzheimerforschung wurde von mir in meinem bereits erwähnten, nach wie vor aktuellen Fachbuch über die Alzheimerkrankheit ausführlich dargestellt.[11]

Die Alzheimererkrankung ist eine psycho-biologische Erkrankung, deren wirkliche Ursachen noch nicht hinreichend erforscht sind. Für den Einfluss psychischer Faktoren auf die Neurodegeneration spricht auch eine von meiner Doktorandin Eva Becker durchgeführte, hochrangig publizierte Metaanalyse.[12] Die Arbeit mit Alzheimerkranken muss darauf ausgerichtet sein, die aus Sicht des Kranken noch vorhandenen Potentiale für Sinn-stiftende Aktivitäten zu aktivieren. Bis weit in die Krankheit hinein gut erhalten ist bei Alzheimerkranken die Fähigkeit zu interpersoneller Spiegelung und Resonanz, wie sie in freundlich angeleiteten Gruppenaktivitäten, in Bewegungsspielen, in sportlicher Aktivierung,[13] vor allem aber im gemeinsamen Singen zum Ausdruck kommen kann. Neben diesen allgemeinen, liebevoll-aktivierenden psychosozialen Maßnahmen kann im Frühstadium der Erkrankung im Einzelfall auch einmal eine Psychotherapie hilfreich sein, um die erkrankte Person und ihr Betreuerumfeld zu entlasten.[14]

Was die Welt unserer kognitiv-intellektuellen Gesundheit im Innersten zusammenhält, sind unsere zwischenmenschlichen

Beziehungen. Ohne dass ihm dies bewusst ist, entwickelt der Mensch seine kognitiven Potentiale eingebettet in Beziehungen. Dass wir die Welt verstehen, einen kognitiven Zugang zu ihren Gesetzen finden und sie gestalten wollen, ist kein Selbstzweck. Die tiefe unbewusste Motivation dafür bildet der Wunsch, im Leben eine sozial bedeutsame Rolle spielen zu können, für andere da zu sein und von anderen anerkannt zu werden. Wenn ihm – warum auch immer – dafür der Boden entzogen wird, wird der Mensch krank.

10. EMPATHIE, HUMANITÄT UND »GUTES LEBEN«: EIN AUSBLICK

»Ziel und Sinn des Lebens ist das gute Leben«.[1] Damit kehren wir zurück zum Handschlag zwischen Philosophie und Medizin, mit dem dieses Buches seinen Anfang genommen hatte. Mit der Frage, was »gutes Leben« sei, hatte sich Markus Gabriel in seinem Werk *Moralischer Fortschritt in dunklen Zeiten* aus *philosophischer* Perspektive auseinandergesetzt: Wie *sollte* vernünftiges, moralisches Zusammenleben aussehen? In diesem Buch sollte das komplementäre Gegenüber des philosophischen Ansatzes ausgeleuchtet werden: Sind Menschen aus einer medizinisch-biologischen, speziell auch neurowissenschaftlich begründeten Perspektive zu einem Zusammenleben, welches den Leitgedanken einer »neuen Aufklärung« folgt, auch *fähig?* Sind wir Menschen dafür – sozusagen – »gemacht«? Liegt die Bestimmung des Menschen im guten, gerechten, von gegenseitiger Menschlichkeit und Empathie geleiteten sozialen Zusammenleben? Oder sind wir aus biologischer Sicht für ein Leben unter dem Vorzeichen des Egoismus bestimmt, wie es einige Evolutionsbiologen unter dem Schlagwort »egoistische Gene« behauptet haben, und wie Theoretiker des Neoliberalismus und in ihrem Fahrwasser fahrende Politiker vom Schlage Trump uns weismachen wollen? Die Antworten, die sich aus heutiger Sicht dazu geben lassen, sind eindeutig.

Eine auf Humanität, auf »gutes Leben« im Sinne guten, prosozialen Zusammenlebens, auf Gemeinsinn, Fairness und Empathie ausgerichtete Lebenshaltung aktiviert genetische Programme und Körpersysteme, die der menschlichen Gesundheit zuträglich sind und Erkrankungsrisiken vermindern. Ständige Angst und Aggression und die damit verbundene Aktivierung entsprechender neuronaler Systeme provoziert im menschlichen Körper subakut verlaufende, sozusagen »unter dem Radar fliegende« chronische Entzündungsprozesse, die Herz-Kreislauf-Erkrankungen, Krebsleiden und Demenzerkrankungen begünstigen. So klar und eindeutig diese Auskünfte ausfallen, sie wären doch noch nicht ausreichend. Entscheidend hinzukommt, dass der Mensch mit körperbasierten, neurobiologischen Systemen ausgestattet ist, die ihn zu einem empathiebegabten Lebewesen machen. Menschen verfügen über neurobiologische Werkzeuge, die es ihnen ermöglichen, zu fühlen, was andere fühlen, und sich gedanklich in die Situation eines anderen zu versetzen. Menschen können Freude empfinden, wenn sie ihresgleichen eine Freude machen können.

Die Aussage, dass der Mensch ein für faires, gerechtes und empathisches Zusammenleben bestimmtes Lebewesen ist, ist keine naive, idealistische Behauptung. Den von mir angeführten wissenschaftlichen Evidenzen ließen sich zahlreiche weitere hinzufügen. Bei knapp 13 000 Menschen, die prospektiv über vier Jahre wissenschaftlich beobachtet wurden, zeigten diejenigen, die sich zwei Stunden pro Woche ehrenamtlich engagiert hatten, mehr positive Gefühle, mehr Optimismus, sie empfanden ihr Leben als sinnvoller, entwickelten weniger körperliche Symptome, erfreuten sich einer allgemein besseren Gesundheit und hatten ein gegenüber der Vergleichsgruppe im Beobachtungszeitraum um über 40 Prozent reduziertes Sterberisiko.[2] »Morality in everyday life« war der Titel einer vor einiger Zeit in »Science«, einem der weltweit besten Wissenschaftsjournale publizierten empirischen

Studie, die den »ganz normalen Alltag« von Menschen zum Gegenstand hatte und zeigte, dass moralische Akte nicht nur denen, die sie erleben, sondern – vor allem – auch denen, die sie ausüben, ein Gefühl des Glücks bereiten und Lebenssinn erleben lassen.[3] Vor diesem Hintergrund entstand die von mir geprägte Formulierung des »hedonischen Verzichts«[4].

Für das Gute bestimmt, aber nicht »von Natur aus gut«: Tugenden als Wegweiser

So sehr ihm die Bestimmung für ein eudaimonisches, »gutes« Leben in die Wiege gelegt ist, so wenig lässt sich daraus ableiten, der Mensch sei im moralischen Sinn von Natur aus gut. Auch der Aussage, unsere Spezies sei »im Grunde gut«, würde ich angesichts der Verbrechen, die Menschen an Menschen begangen haben, so nicht zustimmen. Ebenso entbehrt allerdings auch die Annahme eines naturgegebenen Egoismus jeder Grundlage. Gewalttätigkeit und Delinquenz sind keine anthropologischen Normalvarianten, sondern Ausdruck von – in vielen Fällen durchaus behandelbaren – psychischen Störungen,[5] die ihre Entstehung einer Kombination von Vernachlässigung und Gewalt in den Jahren der Kindheit und Jugend verdanken. Eine sorgfältig durchgeführte neuere Studie untersuchte, ob Menschen, die sich zum Sozialdarwinismus bekennen, die an die böse Natur des Menschen und an das Prinzip des »Kampfes ums Dasein« glauben, besondere Persönlichkeitsmerkmale zeigen. Tatsächlich finden sich sozialdarwinistische Überzeugungen typischerweise bei Menschen, die sich durch die sogenannte »Dark Triad of Personality« auszeichnen.[6] Kennzeichen dieser kombinierten Dreifach-Persönlichkeitsstörung sind Narzissmus, eine Störung der Empathiefähigkeit und Rücksichtslosigkeit beziehungsweise antisoziales Verhalten.[7] Hinter der skrupellosen Oberfläche verbergen sich Menschen mit schwachem Selbstwertgefühl, einer Angst vor sozialer Zurückweisung und Schwierigkeiten, zwischenmenschliche Bindungen einzugehen.[8] Diese Analyse deckt sich in fataler Weise mit Beobachtungen, die sich bei bestimmten politischen Persönlichkeiten, aber auch bei Vertretern des Sozialdarwinismus im Bereich der Evolutionsbiologie machen lassen.

Die Gründe, die Menschen dazu bringen, Böses zu tun, sich unempathisch zu verhalten, Mitmenschen zu dehumanisieren und Gewalt auszuüben, sind vielfältig. Sie lassen sich empirisch aber durchaus bestimmen. Sie haben mit inneren, psychologischen und äußeren, gesellschaftlichen Faktoren zu tun, meistens mit einer Kombination aus beidem. Niemand wird als Soziopath oder als Verbrecher geboren. Ich habe der Frage nach den vielfältigen und komplexen Ursachen alltäglicher und globaler Gewalt, soweit sie sich aus neurowissenschaftlicher und psychologischer Sicht bestimmen lassen, ein eigenes Buch gewidmet.[9] Zur Freiheit des Menschen gehört, Gutes oder Böses tun zu können. Ich habe an anderer Stelle gezeigt, dass Menschen, ungeachtet ihrer biologischen und sozialen Prägungen, über Willensfreiheit verfügen.[10] Um menschliches Verhalten möglichst weitgehend in der Bandbreite des Guten zu halten, bedarf es innerer Hilfestellungen und äußerer, politischer Rahmenbedingungen, die Humanität und empathisches, gutes Handeln begünstigen.

Tugenden sind für die innere Selbstaufstellung des Menschen gedachte Wegweiser, die dem Einzelnen als Orientierung für gutes Handeln und für ein gutes Leben im Sinne der Eudaimonia dienen können. Die vier als bedeutsamste angesehenen Tugenden, die sogenannten Kardinaltugenden, sind mit dem Namen des griechischen Philosophen Plato verbunden, der von circa 428 bis circa 348 vor Christus lebte. Zu den Kardinaltugenden zählen der Mut, die Bildung (Wissen in Verbindung mit Klugheit),[11] die Mäßigung und die Gerechtigkeit. Zu diesen Tugenden bekennen sich alle drei monotheistischen Weltreligionen. Die katholische Kirche hat unter Papst Gregor dem Großen (er lebte 540–604 nach Christus) den Tugendkanon um die drei Tugenden Glaube, Liebe und Hoffnung auf sieben Haupttugenden erweitert. Im Judentum hat sich der jüdische Philosoph Moses ben Maimon, auch Maimonides genannt (er lebte 1138–1204 nach Christus), auf die klassischen Tugenden bezogen.[12] Er und der wichtigste Tugendlehrer des Islam, der im 14. Jahrhundert lebende Adududdin al-Iji,[13] bezogen sich vor allem auf die Tugendlehre des griechischen Philosophen Aristoteles.[14]

Politische Rahmenbedingungen für »gutes Leben«

Aufgabe von Politik ist es nicht, einzelne Menschen zu moralisch gutem Leben zu verpflichten. Gutes, eudaimonisches Leben setzt, wie ich im zweiten Kapitel ausführlich dargelegt habe, Freiheit und Freiwilligkeit voraus. Die Freiwilligkeit trennt das eudaimonische, moralisch gute Leben vom Tugendterror. Bei PolitikerInnen und Religionsführern, die hohe moralische Tonlagen anschlagen und für sich hohe Moral beanspruchen, ist große Vorsicht geboten. Aufgabe des Staates und seiner Repräsentanten ist es nicht, Moral zu predigen, sondern sich selbst moralisch zu verhalten. Der Staat muss einen politischen und rechtlichen Rahmen setzen, der (1.) allen Menschen ein aus ihrer jeweiligen Sicht gutes, Sinn-geleitetes und gesundes Leben ermöglicht, der (2.) die dafür zur Verfügung stehenden Ressourcen so verteilt, dass der soziale Frieden gewahrt wird, und der (3.) sicherstellt, dass Natur, Umwelt und Klima weitestgehend geschützt und bewahrt werden. Die universellen ethischen Werte, denen politisches Handeln in unserer Zeit verpflichtet sein muss, sind das Überleben der Menschheit, die Bewahrung der Umwelt, die Bekämpfung von Krankheiten, die gerechte Verteilung der globalen und nationalen Ressourcen, Gewaltfreiheit gegenüber Friedfertigen und Hilfe für Menschen in Not. Demokratische, moralischen Werten verpflichtete Staaten müssen sich verbünden. Europa ist ein solches Bündnis.[15] Sie müssen außerdem in der Lage sein, sich notfalls gegen Angriffe zu wehren. Hitler wurde nicht mit guten Argumenten besiegt.

Wem Moral in der Politik wirklich am Herzen liegt, sollte die Spielarten des Missbrauchs der Moral im Dienst der Unmoral kennen und beachten. Da kein Mensch vollständig moralisch sein kann, die meisten es aber gerne für sich beanspruchen würden, tendieren Menschen dazu, den in ihrem Wahrnehmungshorizont auftauchenden Anschein von Unmoral lärmend anzuzeigen und anzuklagen, um sich als Tugendwächter und damit selbst umso moralischer erscheinen zu lassen. Dieser als Projektion bezeichnete Mechanismus ist denen, die ihn bedienen, meistens selbst nicht bewusst, denn moralische Eiferer fühlen sich als Kämpfer für das Gute. Projektionen des Unmoralischen auf Andere im Dienst der Selbst-Reinwaschung zeigen sich nicht nur im Privatleben und im Journalismus (und hier insbesondere im Gerichtsjournalismus), sondern auch in der inländischen und internationalen Politik.

Eine weitere Spielart des Missbrauchs der Moral ist das sogenannten »Moral Licensing«: Wer sich besonders für moralische Anliegen eingesetzt und dafür vielleicht auch Opfer gebracht hat, gewinnt leicht das Gefühl, im Ausgleich etwas mehr Rechte als andere zu haben und sich selbst etwas mehr Lockerheit in moralischen Dingen genehmigen zu dürfen.[16] Ein ebenfalls sehr beliebter und weit verbreiteter Missbrauch der Moral ist die Opferhaltung.[17] Fast alle Menschen mussten irgendwann im Leben unmoralisches Unrecht erdulden. Es ist notwendig und absolut richtig, erduldetes Unrecht beim Namen zu nennen, anzuklagen und Wiedergutmachung zu fordern. Viele Menschen machen daraus aber ein »moralisches Dauergeschäft«, beanspruchen lebenslange Sonderrechte und das Recht, für alles ihnen widerfahrende Ungemach andere für schuldig zu erklären. Diese Haltung findet sich nicht nur bei einzelnen Personen, sondern manchmal auch bei Gruppen und Staaten.

Der Missbrauch der Moral zu unmoralischen Zwecken darf uns nicht davon abhalten, die Politik auf ihre Moralität und die in ihr tätigen Politiker auf ihre Integrität zu prüfen. Demokratien zeichnen sich dadurch aus, dass aufgrund der in ihnen vorhandenen Gewaltenteilung unmoralische Strukturen und Verhaltensweisen weit eher ans Licht kommen als in einer Diktatur. Diktatoren rühmen sich gerne damit, für »klare Verhältnisse« zu sorgen und ihren Bürgern die Mühen des demokratischen Miteinanders zu ersparen. Demokratie ist mühsam, aber die einzige menschliche Staatsform. Autoritäre Staatsformen und Gesellschaften funktionieren auf dem Prinzip gewaltsamer Repression, in ihnen herrschen Angst, Denkverbote und Gewalt gegenüber allen, die sich nicht unterwerfen. Eine schlimmere Zerstörung der empathischen Potentiale ist nicht vorstellbar. Dem »entfesselten, rücksichtslosen Kapitalismus«[18] unserer Tage sind Demokratien ein Hindernis. Demokratien gestalten ihre inneren Verhältnisse in weitem Umfang nach empathischen Prinzipien, insbesondere dadurch, dass sie Regelungen zum Schutz von sozial Schwachen, von Verbrauchern und Umweltschutzmaßnahmen vorsehen. Wir sind aufgerufen, unser liberales, tolerantes und vielfältiges Europa, das trotz vieler Fehler den Prinzipien des sozialen Zusammenhalts und der Empathie verpflichtet ist, mit allen rechtmäßigen Mitteln – nach innen und nach außen – zu verteidigen. Eine »Front«, an der wir diesen Kampf zu verlieren drohen, sind die digitalen Technologien.

Das Internet: Mehr oder weniger zwischenmenschliche Verbundenheit?

Die in bestimmten (durchaus sympathischen) Kreisen herrschende Untergangsstimmung bezüglich der Folgen des Internets für die Kultur des zwischenmenschlichen Zusammenlebens, entspricht nicht (mehr) meinem Stadtpunkt, obwohl ich diese Stimmung längere Zeit teilte. Die Irritationen, welche zahlreiche Angebote des Internets verursachten und weiterhin verursachen, sind durchaus gewaltig. Zugleich bin ich überzeugt, dass die Empathie als zeitloses anthropologisches Potential ihre Beschädigungen durch das Internet, die derzeit zu beobachten sind, überstehen wird. Neue Technologien hatten zu allen Zeiten das Potential, das menschliche Zusammenleben zu irritieren, und haben das Leben transformiert. Einen solchen Prozess durchlaufen wir derzeit, er ist unumkehrbar. Mich interessiert hier vor allem das Schicksal der Kinder und Jugendlichen. Wenn die wissenschaftlich herausragende kalifornische Jugendforscherin Jean Twenge mit Blick auf die negativen Auswirkungen des Internets von einer »Lost Generation« von jungen Menschen spricht, so kann dies nicht einfach vom Tisch gewischt werden. »Normalbürger« bekommen die Umwälzungen, die das Internet in Familien, und hier besonders bei Kindern und Jugendlichen, anrichtet, kaum noch mit. Wenn Kinder nicht Teil unserer unmittelbaren Familie sind, dann sind es heute nur noch ErzieherInnen, schulische Lehrkräfte und PsychiaterInnen, welche den Fallout der digitalen Technologien, der über jungen Menschen niedergeht, wahrnehmen.

Zu den Versprechen des Internets gehörte die Verstärkung zwischenmenschlicher Verbundenheit. Da Verbundenheit, wie schon Abraham Maslow erkannte[19] und die modernen Neurowissenschaften[20] eindrucksvoll bestätigten, ein menschliches

Grundbedürfnis ist, wäre bei Internet-, vor allem bei Social-Media-Nutzern eine Zunahme des Wohlbefindens zu erwarten. Dazu durchgeführte Untersuchungen können dies nicht bestätigen. Eine Studie, die an einer repräsentativen Stichprobe von jungen Erwachsenen durchgeführt wurde, fand heraus, dass sich diese bei zeitintensiver Nutzung, im Vergleich zu moderater Nutzung, mehr als drei Mal so häufig einsam fühlten.[21] Bis ins Jahr 1976 zurückreichende Langzeituntersuchungen zur Häufigkeit von realen »face to face«-Begegnungen mit Gleichaltrigen zeigten bei 13- bis 18-Jährigen eine markante Abnahme ab 2010, also ab dem Zeitpunkt, als Smartphones zu einem Massenprodukt wurden.[22] Ab dieser Zeit nahm der Internetgebrauch bei der untersuchten Stichprobe massiv zu. Eine Zunahme von subjektiv erlebter Einsamkeit berichteten vor allem diejenigen, die wenig reale Kontakte pflegten und besonders zeitintensiv im Internet unterwegs waren. »Reale« Freunde, mit denen analoger Kontakt gepflegt wird, haben einen massiven positiven Einfluss auf das allgemeine Wohlbefinden und die Lebenszufriedenheit, während überwiegend online gepflegte Freundschaften diesen Effekt vermissen lassen.[23]

Einsamkeit ist nicht das einzige mit intensiver Internet- und Social-Media-Nutzung assoziierte Phänomen. Eine ganze Serie von Untersuchungen an großen Kollektiven junger Menschen ergaben einen durchgehenden Befund: Kinder und junge Erwachsene, die sehr viel Zeit am Bildschirm verbringen, und hier insbesondere diejenigen, die sich intensiv auf Social-Media-Plattformen aufhalten, berichten ein schlechteres Allgemeinbefinden, eine verminderte Lebenszufriedenheit, ein schlechteres Selbstwertgefühl, mehr Angst- und Depressionssymptome und einen höheren Psychopharmaka-Verbrauch.[24] Eine Rolle für diese erstaunlich negativen Effekte dürfte – neben weiteren Gesichtspunkten – die Tatsache spielen, dass sich in den sozialen

Netzwerken des Internets Menschen ständig miteinander vergleichen, und jede Nutzerin und jeder Nutzer sich damit – bewusst oder unbewusst – in einem ständigen Wettbewerb befindet: Wer hat die meisten Freunde, die meisten »Likes«, die besten Selbstdarstellungen und den angeblich größten Spaß im Leben? Sich permanent positiv darstellen zu müssen und damit nie etwas Spürbares zu erreichen, ist ein Stimmungskiller, der gegenüber den Anderen natürlich nicht eingestanden werden darf, da es im Netz vor allem darum geht, immer eine gute Figur zu machen. Die bereits erwähnte Jean Twenge sieht einen Zusammenhang zwischen intensiviertem Internetgebrauch und der Beobachtung, dass der Anteil junger Menschen mit einer medizinisch diagnostizierten schweren Depression in den USA zwischen 2005 und 2017 um 52 Prozent (bei den 12- bis 17-Jährigen) und um 63 Prozent (bei den 18- bis 25- Jährigen) zunahm.[25] So weit, so schlecht.

»Emotionale Ansteckung« im Internet: Eine »Billigvariante« zwischenmenschlicher Resonanz

Welche Bedeutung hat das Internet ganz spezifisch für die Empathie? Menschliche Empathie setzt sich, wie bereits erwähnt, aus zwei Komponenten zusammen: aus einer *kognitiven* Komponente, welche mich in die Lage versetzt, die Situation eines Mitmenschen *bewusst* zu bedenken (siehe Kapitel 4), und aus einer *emotionalen* Komponente, welche die *intuitive* Einfühlung in einen anderen Menschen (siehe Kapitel 5) betrifft. Eine potentiell gefährliche, internetaffine »Billigvariante« der emotionalen Empathie ist die emotionale Ansteckung. Sie bedient sich, wie die emotionale Empathie, der neuronalen Resonanzsysteme, funktioniert aber auch dann, wenn keinerlei persönlicher Kontakt im Spiel ist. Gegenseitige emotionale Ansteckung und Aktivierung ereignet sich in großen Menschenmengen, ohne dass die Beteiligten sich untereinander persönlich kennen. Die Entkoppelung von Emotionalität und Personalität ist ein gefährliches Phänomen, welches schon vor Erfindung der Massenmedien existierte. Die Massenmedien boten und bieten diesem Phänomen aber große neue Spielfelder. Die Ersten, die sich dies zunutze machten, waren die Nationalsozialisten.[26] Nichts ist mit den Verbrechen der Nazis zu vergleichen. Ihre medialen Methoden fanden und finden aber zahlreiche Nachahmer. Die sozialen Netzwerke des Internets sind in ihrer Fähigkeit, kollektive Emotionen zu erzeugen, unerreicht, was nicht zuletzt ihrer Globalität geschuldet ist. Einmal hinreichend angeschoben, können sich kollektive Emotionen zu Massenphänomenen hochschaukeln, unabhängig davon, ob es sich um Begeisterung oder um Hass (oder um beides) handelt.[27]

Dass emotionale Massenansteckungen auch über die sozialen Netzwerke des Internets funktionieren, zeigte ein 2013 unter Verwendung von 690 000 Facebook-Konten (»Accounts«) durchgeführtes, an prominenter Stelle publiziertes Experiment.[28] Wenn die von Facebook geschalteten Meldungen und Anzeigen am Bildschirmrand (die sogenannten »Feeds«), die von Facebook normalerweise an Anzeigenkunden verkauft werden, dahingehend manipuliert wurden, dass sie mehr positive oder mehr negative Emotionen enthielten, dann waren – als Folge – die von den (nicht informierten) Nutzern an ihre privaten Korrespondenten versandten persönlichen Nachrichten signifikant durch entsprechend mehr positive oder negative Emotionen eingefärbt. Die emotionale Tönung der Feeds hatte also eine unbewusste Ansteckung der Nutzer zur Folge, die sich in ihrer privaten Korrespondenz niederschlug.

Eine weitere »Billigvariante« zwischenmenschlicher Resonanz: »Moralische Ansteckung« im Internet

Nachdem sich erwiesen hatte, dass über das Internet massive emotionale Ansteckungseffekte ausgelöst werden können, wurde in einem nächsten Schritt untersucht, ob sich – ähnlich der emotionalen Ansteckung – Nutzer von sozialen Netzwerken auch »moralisch anstecken« lassen.[29] Dazu wurden in den USA mehr als 560 000 Tweets erfasst, die sich mit den drei Themen Waffenkontrolle, gleichgeschlechtliche Ehe und Klimawandel befasst hatten. Würden in den Tweets auftauchende emotionsgeladene oder moralische Wörter zu einer höheren Weiterverbreitung der Tweets, das heißt zu einer erhöhten emotionalen beziehungsweise moralischen Ansteckung führen? Beim Thema Waffenkontrolle zeigte sich ein gesteigerter Ansteckungseffekt (+19 Prozent) nur, wenn mindestens ein emotionales *plus* mindestens ein moralisches Wort gemeinsam auftauchten. Emotionalität oder Moralität hatten bei diesem Thema jeweils für sich alleine keinen erhöhten Verbreitungseffekt zur Folge. Beim Thema gleichgeschlechtliche Ehe reichte schon (mindestens) ein emotionales Wort *alleine* zu einer verstärkten Weiterverbreitung, ein wirklich starker Effekt wurde aber auch hier nur durch die Kombination emotionales *plus* moralisches Wort erreicht (+17 Prozent). Ein alleiniger moralischer Appell war bei diesem Thema ohne Wirkung. Beim Thema Klimawandel hatte jeweils (mindestens) ein emotionales *oder* (mindestens ein) moralisches Wort für sich schon einen Effekt, deutlich wurde der Effekt aber auch hier erst bei der Kombination (mindestens ein) emotionales *plus* (mindestens ein) moralisches Wort (+24 Prozent). Emotionalität und die Beanspruchung von Moralität hatten also bei allen drei Themen einen synergistischen Effekt. Die beobachteten Ansteckungseffekte waren bei Nutzern *innerhalb* des liberal-demokratischen Spektrums und bei Nutzern *innerhalb* des konservativ-republikanischen Spektrums stärker als die Effekte, die sich über die vorbestehenden politischen Meinungsgrenzen hinweg beobachten ließen.

Bei den Untersuchungen zur »moralischen Ansteckung« zeigten sich Effekte zugunsten jeweils beider (einander entgegengesetzter!) inhaltlicher Positionen: Emotional oder/und moralisch argumentiert wurde (erfolgreich) für und gegen Waffenkontrolle, für und gegen gleichgeschlechtliche Ehe, für und gegen Klimaschutz. Alles natürlich »moralisch«. Einem Kantianer wie dem Philosophen Markus Gabriel würden sich bei einer derartig relativierenden Definition von Moral – wie ich meine, zu Recht – die Haare aufstellen. Die Vermengung von Emotionalität und angeblicher Moralität ist ein internettypisches Phänomen, im Ergebnis ergibt sich daraus eine sehr gefährliche Mixtur. Was die vorliegenden empirischen Studien in klarer und zugleich bedrückender Weise vorführen, ist das unfassbare, grenzenlose Manipulationspotential der großen Provider wie Facebook, Instagram, Snapchat, Twitter und anderen. Mindestens 90 Prozent der etwa 5 Milliarden Social-Media-Nutzer dieser Erde sehen, zumindest teilweise, Feeds mit politischen Inhalten. Was den Usern in diesen Feeds mitgeteilt wird, ist käuflich und kann dann von politischen und ökonomischen Akteuren beeinflusst werden. Dies erklärt, wie die Wahl Donald Trumps und wie der Brexit zustande kam. Alles unter dem Vorzeichen von Moral. Welche Konsequenzen für uns als Bürger daraus zu ziehen sind, habe ich an anderer Stelle ausgeführt.[30]

Die Potentiale der Empathie sind, global gesehen, bedroht. Untersuchungen zeigen, dass die Fähigkeit zum Perspektivwechsel (»Perspective Taking«) sowie zur Bereitschaft, Mitmenschen gegenüber Anteilnahme zu bekunden (»Empathic Concern«), in den letzten zwei Jahrzehnten abgenommen hat, während der Narzissmus, eine pathologische Form der Selbstverliebtheit, dagegen auf dem Vormarsch zu sein scheint.[31] Sara Konrath, welche diesbezüglich Untersuchungen publizierte, ist weit davon entfernt, das Internet alleine für diese Entwicklung verantwortlich zu machen. Sie verweist, wie ich es in diesem Buch schon tat, auf die Bedeutung einer empathiefördernden Erziehung, bei der Kinder ihre Eltern als warm und anteilnehmend erleben. Bei Verhaltenskorrekturen sollte dem Kind die Perspektive der jeweils anderen Seite deutlich gemacht werden. Eine empathische Erziehung schützt, denn sie hilft Kindern und Jugendlichen, sich gute, tragende Beziehungen in der realen Welt zu erschließen. Junge Menschen und Erwachsene, die in der realen, analogen Welt durch gute Beziehungen verbunden sind, scheinen einer Untersuchung[32] zufolge vor den potentiell empathieschädigenden Effekten des Internets geschützt. Die kognitive und emotionale Empathie nimmt durch Internetnutzung offenbar nur bei denjenigen Menschen Schaden, die in der realen Welt keine oder nur oberflächliche Beziehungen haben und diese durch online geführte Beziehungen zu ersetzen suchen. Nutzer, die tiefe reale Beziehungen haben, scheinen durch die Nutzung des Internets Empathiepotentiale sogar hinzuzugewinnen. Das Gleiche wurde bei Menschen beobachtet, denen aufgrund äußerer Hindernisse (wie etwa im Falle einer Behinderung) keine andere gute Möglichkeit zur Aufnahme sozialer Kontakte zur Verfügung steht.

Weder zahnlos noch konfliktfrei: »Neue Aufklärung« und »gutes Leben«

Sinn-geleitetes, menschenfreundliches »gutes Leben« (Eudaimonia) ist die anthropologische Ergänzung, das komplementäre

Gegenstück zur »neuen Aufklärung«, zu welcher der Philosoph Markus Gabriel aufgerufen hat.[33] In einer durch Verrücktheiten, Verleugnung des Notwendigen und Falschinformationen irritierten Welt müssen wir zurückkommen zu einer ruhigen, besonnenen, durch Vernunft gesteuerten Betrachtung der Realität. Die Welt steht vor großen politischen und gesellschaftlichen Veränderungen, die uns durch die Globalisierung und durch den Klimawandel auferlegt werden. Diese Veränderungen werden Anpassungen mit sich bringen, deren Auswirkungen sich in den westlichen Ländern auch im Leben jedes Einzelnen bemerkbar machen werden.

Eine sozial gerechte und die Bewahrung der natürlichen Umwelt schützende Weltordnung und eine Sinn-geleitete Lebensweise bedingen sich gegenseitig, das eine ist ohne das andere nicht realisierbar. Wenn wir die Ressourcen dieser Welt fair verteilen und unsere natürliche Umwelt schützen wollen, ist eine Umstellung unseres persönlichen Lebensstils unausweichlich. Diese Umstellung, weg vom Konsumismus hin zu einer umweltfreundlichen, unserer psychischen und körperlichen Gesundheit zuträglichen Lebensweise, sollte ein primär aus freien Stücken vollzogenes, gewolltes Projekt sein. Wir sollten nicht warten, bis sich die Lage derart zuspitzt, dass uns Einschränkungen am Ende aufgezwungen werden müssen. Umgekehrt lassen sich an moralischen Maßstäben der Fairness orientierte globale Politiken nur durchsetzen, wenn sie bottom-up durch eine große Zahl von Menschen gefordert und notfalls erkämpft werden. »Neue Aufklärung« und Eudaimonia sind daher zwei Seiten ein und derselben Medaille.

Die anstehenden Veränderungen auf der politischen und auf der persönlichen Ebene sind keine konfliktfreien Projekte. Ihre mächtigsten Gegner sind die Angst aller vor Veränderungen, die Gier derer, die abgeben müssen, die Beharrungskräfte der Gewohnheit und Bequemlichkeit und der Mangel an Bildung – sie begegnet uns im Alltag als ganz banale Dummheit. Damit sind die Konfliktzonen benannt. Das Gemeinschaftsprojekt der »neuen Aufklärung« und der Eudaimonia bedeutet ein 360-Grad-Engagement. Bei den Änderungen der persönlichen Lebensweise erleben die Pioniere seit Jahren einen Spießrutenlauf der Denunzierung und des Lächerlich-Machens, an dem sich große Teile der Medien beteiligt haben. Inzwischen beginnt sich die Situation zu wandeln: Während die früher Verspotteten langsam zum Mainstream werden, gerät die hochgradig unmoralische, weil extrem umweltschädliche weltweite Fleischwirtschaft langsam ins Abseits. Die notwendigen Transformationen auf der persönlichen Ebene sind noch nicht am Ende und erfordern von den Pionieren weiterhin viel Zivilcourage.

Noch schwieriger als auf der persönlichen Ebene gestalten sich die Veränderungsprozesse auf der politischen Ebene. Ländern, die sich einerseits den Prinzipien der Demokratie, der wissenschaftlichen Wahrheit (also den Werten der Aufklärung) und andererseits der Humanität, der sozialen Gerechtigkeit und Kultur (also eudaimonischen Grundsätzen) verpflichtet haben, stehen mächtige Widersacher entgegen. Dies ist der Grund, warum wir, worauf Aleida Assmann und viele andere hingewiesen haben, das vereinte demokratische Europa stärken und schützen müssen.[34] Die Werte der Aufklärung und die Prinzipien der Eudaimonia sind universal, sie sind das, was allen Menschen gemäß ist und wofür wir anthropologisch bestimmt sind. Die politische Herausforderung besteht darin, ihren Vollzug durch Schaffung eines demokratischen Staates auch dort einzulösen, wo derzeit Diktaturen, fundamentalistische Gottesstaaten oder Stammeshierarchien herrschen.

Diktaturen sind nicht der einzige Feind von »neuer Aufklärung« und Eudaimonia. Nicht weniger gefährliche Gegner sind die außer Kontrolle geratenen internationalen Finanzmärkte. Die diesen Märkten inhärenten Zwänge der Kapitalvermehrung haben in den letzten etwa dreißig Jahren eine ungeheure Destruktivität entwickelt, die zu schwersten Schäden im Bereich der Realwirtschaft, im Bereich der Gesundheit der dort arbeitenden Menschen[35] und zu einer ungeheuren Umweltzerstörung geführt haben. Florierende Unternehmen, gesunde Arbeitnehmer und wirksamer Umweltschutz sind nicht zu haben, wenn wir den Finanzmärkten keine Zügel anlegen. Diese Aufgabe steht jetzt dringend an.

Menschenliebe, die Freude an Sinn-geleitetem Leben, an Bildung und kultureller Kreativität, an produktiver Arbeit, an gegenseitiger Hilfeleistung, Fairness und Gerechtigkeit sind anthropologische Konstanten, zu denen die Menschheit immer wieder zurückkehren wird. Angst und Dummheit und die mit ihnen einhergehenden Untugenden der Habgier, der Aggression und der Unfairness haben die Tendenz, sich zu reproduzieren. Diese Reproduktionszyklen lassen sich aber auch unterbrechen – durch Bildung, durch Sinn-geleitetes Leben, durch Zivilcourage, durch Mut und Kampfgeist im Dienst von Freiheit und Vernunft, kurz durch alles das, was »neue Aufklärung« und »gutes Leben« ausmacht.

CARUS LECTURE 2021

Der Jahreskongress der beiden deutschen Gesellschaften für Psychosomatische Medizin[1] wird alljährlich mit einem Festvortrag, der »Carus Lecture«, eröffnet. Die Ehre, diesen Festvortrag zu halten, fiel im Jahre 2021 Joachim Bauer zu. Die »Carus Lecture« erinnert an den Arzt Carl Gustav Carus, der einer naturwissenschaftlich begründeten, dabei aber ganzheitlich behandelnden Medizin verpflichtet war. Viele seiner vor über 150 Jahren geäußerten Ideen haben einen engen Bezug zu den Inhalten dieses Buches, weshalb der Text der in Berlin gehaltenen Rede hier exklusiv wiedergegeben wird. Carus stammte aus Sachsen und war beruflich zunächst in seiner Geburtsstadt Leipzig, später dann in Dresden tätig, wo er auch beerdigt ist.

Das »Selbst« in Krisenzeiten

Carl Gustav Carus (1789–1869) war ein zu seiner Zeit hoch angesehener Arzt und Universalgelehrter, ein Zeitgenosse Johann Wolfgang von Goethes und Alexander von Humboldts und mit beiden befreundet. Einer der Gründe, warum die beiden deutschen psychosomatischen Fachgesellschaften mit der alljährlichen »Carus Lecture«, die zu halten ich dieses Jahr die Ehre habe, sein Andenken ehren, ist der Umstand, dass Carl Gustav Carus der Person des Kranken, dem »Selbst« des Patienten eine bedeutende, ja eine geradezu zentrale Rolle bei der Überwindung medizinischer Leiden zuwies. Carl Gustav Carus wäre jedoch völlig unrichtig dargestellt, wenn man nur die Bedeutung erwähnen würde, die er der Person des kranken Menschen zumaß, ohne zugleich hervorzuheben, dass er die genaue Kenntnis des menschlichen Körpers als das Fundament guter Medizin betrachtete. Die moderne Psychosomatische Medizin hat – wie Carl Gustav Carus – beides im Blick, die Person und den Körper des Kranken.

Carl Gustav Carus wurde 1789, im Jahr der Französischen Revolution, in Leipzig geboren. Er ging dort auf die Thomasschule, studierte zunächst Naturwissenschaften und daran anschließend Medizin. Die medizinischen Leit-Disziplinen jener Zeit – also das, was heute die Molekularbiologie und die Neurowissenschaften sind – waren damals die Anatomie und Pathologie. Nach zweifacher Promotion in Philosophie und Medizin und Erlangung der Venia Legendi wurde Carus in Leipzig Privatdozent für vergleichende Anatomie. Daneben war er dort auch als Armenarzt tätig. Im Alter von 25 Jahren wurde er 1814 an die Königliche Hebammenschule nach Dresden berufen, bekleidete kurz darauf dort auch eine Professur für Gynäkologie und verfasste 1820 das erste deutschsprachige Lehrbuch für Gynäkologie – Carus war es, der im deutschsprachigen Raum als Erster den Begriff der Gynäkologie prägte. Seine Aufmerksamkeit für Wechselwirkungen zwischen Körper und Seele dürfte durch seine Spezialisierung auf das Fach der Gynäkologie weiter geschärft worden sein. Es sei mir erlaubt, hier einzufügen, dass ich einst selbst in der Gynäkologie über »Psychosomatische Aspekte der Adnexitis« promoviert habe – mein damaliger Doktorvater an der Universitäts-Frauenklinik in Freiburg war Prof. Dietmar Richter.

Erkrankungen, mit denen sich Carus und seine ärztlichen Zeitgenossen zu beschäftigen hatten, waren neben den überwiegend chronischen Leiden, die wir auch heute noch in der Medizin sehen, vor allem Infektionskrankheiten. Johann Wolfgang von Goethe hatte drei Geschwister durch die Pocken verloren, auch er selbst war an der Variola-Infektion erkrankt. Carl Gustav Carus hatte sich, noch in Leipzig, eine Typhuserkrankung zugezogen, die er nur knapp überlebte. Die gewaltigen präventiven und therapeutischen Möglichkeiten, die sich erst einige Jahrzehnte nach Carus durch die Fortschritte der Mikrobiologie und durch die Entdeckung von Antibiotika ergeben sollten, waren noch nicht in Sicht. Robert Koch erhielt seinen Nobelpreis im Jahre 1905. Antibiotika kamen erst Mitte des 20. Jahrhunderts auf den Markt. Wenn man von der bereits Ende des 18. Jahrhunderts, also schon zu Lebezeiten von Carus erstmals eingesetzten Pockenimpfung einmal absieht, ließ der große Durchbruch der Mikrobiologie noch hundert Jahre, bis zum Ende des 19. Jahrhunderts auf sich warten. Da lag der 1869 verstorbene Carus schon lange begraben – auf dem Trinitatis-Friedhof in Dresden. Angesichts fehlender anderweitiger therapeutischer Optionen zu seinen Lebzeiten war es für den Arzt Carl Gustav Carus nicht nur naheliegend, sondern geradezu zwingend, das Hauptaugenmerk auf das zu legen, was er »Gesunderhaltungskunde« nannte. Wir würden heute von Präventiver Medizin und einer Stärkung der immunologischen Abwehrkräfte sprechen.

Vor dem geschilderten Hintergrund der damals noch so beschränkten therapeutischen Möglichkeiten muss gesehen werden, dass der Schwerpunkt der ärztlichen Behandlung zu Carus' Zeiten sich auf die Diätetik, die Hydrotherapie, die Heilgymnastik und auf das verlagerte, was Carl Gustav Carus Lebenskunst, also die Kunst, gesundheitsdienlich zu leben, nannte. Es ging ihm um die »Erfassung der Krankheit in ihrer lebensvollen Totalität«. Unter dem Vorzeichen einer anthropologisch geprägten Medizin wurde für jeden Patienten ein sogenannter

»Heilplan« entwickelt. »Solche Heilpläne meinten«, wie es der frühere DFG-Präsident Wolfgang Frühwald in seiner 2008 gehaltenen »Carus Lecture« ausdrückte, »jeweils die ganze Person und damit die physisch-psychischen Wechselwirkungen bei der Stärkung der Körperfunktionen«. Frühwald nannte die von Carus geprägte medizinische Epoche das »Zeitalter der Persönlichkeit«. Dieses »Zeitalter der Persönlichkeit« sollte, um nochmals Frühwald zu zitieren, vom heraufziehenden »Zeitalter von Dampf und Maschine«, vom »Zeitalter der Technik« abgelöst werden. Das Heraufziehen dieses neuen Zeitalters sollte in der Medizin eine verhängnisvolle Konsequenz haben, nämlich: die »Entsorgung« der Person beziehungsweise der Psyche des Kranken aus dem therapeutischen Inventar. Für diese »Entsorgung« steht der dem großen Rudolf Virchow zugeschriebene, berühmte Satz: »Ich habe so viele Leichen seziert und keine Seele gefunden.« Carus sah dies kommen und – so wörtlich – »fühlte mich abgestoßen durch das nicht zu leugnende Abwenden der Neuzeit von jenem Erfassen der Krankheit in ihrer lebensvollen Totalität, worauf es mir immer besonders ankam«.

Das drohende Verschwinden der Person, die Außerachtlassung des »Selbst« des Kranken war nicht nur die Sorge des Carl Gustav Carus, es begleitet die moderne Medizin bis zum heutigen Tag. Ich möchte meine weiteren Ausführungen in drei Punkte gliedern:

Im ersten Teil möchte ich deutlich machen, dass Rudolf Virchow geholfen werden kann: Denn die sozialen Neurowissenschaften haben in den letzten Jahren deutlich werden lassen, dass die Person, dass das »Selbst« eines Menschen, nicht nur eine psychische, sondern auch eine biologische Realität ist.

Im zweiten Teil werde ich – anknüpfend an das »Lebenskunst«-Konzept von Carus – darstellen, dass das Bemühen des Menschen um eine Sinn-geleitete, eudaimonische Lebensführung

Top-down-Wirkungen auf biologische Parameter – bis hin zur Regulation der Genaktivität – auszuüben vermag.

Im dritten Teil werde ich auf die Bedeutung der Natur für die Gesundheit des Menschen eingehen. Carl Gustav Carus maß nicht nur der persönlichen Lebensführung, sondern auch der Natur eine herausragende Rolle bei der Überwindung von Krankheiten zu.

Die Realität der Persönlichkeit: Zur Erforschung und Erkundung der neuronalen Selbstnetzwerke

Im August 2002 publizierten William Kelley und einige KollegInnen vom Massachusetts Institute of Technology im angesehenen Journal of Cognitive Neuroscience eine Arbeit, in der es ihnen mittels eines intelligenten Versuchsdesigns und unter Einsatz der fMRI-Technologie gelungen war, neuronale Netzwerke darzustellen, die aktiviert werden, wenn eine Person sich selbst mentalisiert. Die Kern-Komponente der Selbstnetzwerke – der »Self Networks«, wie sie offiziell genannt werden – hat ihren Sitz im ventromedialen Bereich des Präfrontalen Cortex (vmPFC), in einem Bereich des Gehirns, der hinter dem roten Bindi-Punkt liegt, den manche indische Frauen zwischen den Augenbrauen tragen. Ich drücke mich gegenüber Nicht-Neurowissenschaftlern gerne verständlich aus und bezeichne den ventromedialen PFC gerne als »untere Etage des Stirnhirns«. Wenn eine Person gefragt wird, was für ein Mensch sie sei, welche Eigenschaften sie habe und für was sie stehe, und wenn diese Person darauf ehrlich antworten wollte, dann kann sie das nur, wenn sie in ihrem Gehirn auf einen Speicher zurückgreifen kann, der Informationen darüber abgespeichert bereithält, was diese Person glaubt, wer sie ist. Die Selbstnetzwerke sind dieser Speicher. Weitere Studien verschiedener Autoren konnten die Ergebnisse von William Kelley und KollegInnen nicht nur bestätigen, sondern zeigen, dass die im Selbstnetzwerk abgespeicherten Informationen sowohl die momentane Stimmung als auch die selbst eingeschätzten Persönlichkeitseigenschaften als auch die physischen Eigenschaften der eigenen Person betreffen.

Was in den modernen Neurowissenschaften als »Selbst« bezeichnet wird, ist selbstverständlich nicht die Psyche als Ganzes, sondern nur der zur Selbstreflexion fähige Teil der Person. An dieser Stelle erwähnt sei, dass zum neuronalen Selbstsystem zwei weitere Strukturen zählen. Zum einen hat in der »oberen Etage« des Stirnhirns, im dorsalen PFC ein Netzwerk seinen Sitz, welchem die Funktion eines kritischen Selbstbeobachters zukommt. Bei Menschen mit Major Depression ist, wie eine elegante Untersuchung französischer Autoren zeigte, dieses selbst-evaluative Netzwerk der »oberen Etage« überaktiviert. Zum anderen befindet sich in einem hinteren Teil des Gehirns, im sogenannten Posterioren Cingulären Cortex (PCC), ein Netzwerk, welches vorzugsweise biografische Aspekte des »Selbst« abgespeichert hat. Die drei genannten Komponenten des Selbstnetzwerks sind untereinander verbunden. Der neurowissenschaftliche »Selbst«-Begriff konkurriert nicht mit den etablierten Nomenklaturen der Psychologie oder der Psychoanalyse. Die Neurowissenschaften bestreiten auch keinesfalls die Existenz des Unbewussten. Die in der unteren Etage des Stirnhirns gelegene zentrale Schaltstelle des neuronale Selbstsystems ist mit sämtlichen Zentren des emotionalen Gehirns verbunden: mit den Angstzentren (Corpora amygdaloidea), mit dem Motivationszentrum (ventrales Striatum), mit der Stressachse (Hypothalamus) sowie mit dem Hirnstamm. Das »Selbst« – gemäß neurowissenschaftlicher Terminologie – ist der bewusstseinsfähige Ansprechpartner für

Botschaften, die entweder von innen, also aus dem eigenen Körper, oder von außen, also aus dem sozialen Umfeld kommen. Es vermittelt zwischen innen und außen. Auf seine besondere Rolle in der Medizin und Psychotherapie komme ich noch zurück.

Ein besonders interessanter Aspekt des menschlichen Selbstsystems zeigte sich, als man daranging, neuronale Netzwerke zu identifizieren, die aktiviert werden, wenn eine Person nicht sich selbst mentalisiert, sondern eine andere, ihr besonders nahestehende Person. Eine Arbeitsgruppe um Jason Mitchell von der Harvard Universität machte die – dann auch von anderen Arbeitsgruppen bestätigte – Beobachtung, dass Netzwerke, mit denen wir in der »unteren Etage« des PFC die innere Repräsentanz der eigenen Person abgespeichert halten, sich mit Netzwerken überlappen beziehungsweise teil-identisch mit Netzwerken sind, mit denen wir unser inneres Bild von nahestehenden anderen Menschen abgespeichert halten. Dies bedeutet: Das »Selbst« und der signifikante Andere, Ich und vertrautes Du sind neuronal gekoppelt. Dies ist keine Überraschung, wenn man sich die Entstehungsgeschichte des »Selbst« vergegenwärtigt, die mit dyadischen, also zweiseitigen resonanten Interaktionen zwischen Säugling und Bezugsperson ihren Anfang nimmt. Bei der Entstehung erster Strukturen eines »Selbst« im Verlauf der ersten beiden Lebensjahre spielt das System der Spiegelneurone eine Rolle, ein Umstand, den ich in meinen Büchern vertieft habe, hier aber nicht weiter thematisieren kann. Die neuronale Koppelung zwischen »Selbst« und signifikantem Du bedeutet, dass immer dann, wenn wir unser Selbstbild aufrufen, in einer von uns unbemerkten Weise auch das Bild des signifikanten Anderen aufgerufen wird – und umgekehrt.

Besonders spannend sind neurowissenschaftliche Beobachtungen, welche die Rolle des Selbstsystems als sozialer Ansprechpartner sichtbar werden ließen. Leah Somerville und KollegInnen konnten zeigen, dass das neuronale Selbstsystem in hochsensibler Weise auf evaluative Aussagen reagiert, die Andere an uns adressieren. Die im Selbstsystem einer angesprochenen Person durch persönliche Ansprache ausgelösten Resonanzen unterscheiden sich markant, abhängig davon, ob wir uns durch das, was wir hören, sozial akzeptiert oder abgelehnt fühlen. Die Reaktion des Selbstsystems durch Ansprache zieht weitere Konsequenzen nach sich: Wenn einem Menschen die Möglichkeit gegeben wird, seinem »Selbst« Ausdruck zu geben, konkret: Wenn Versuchspersonen ihre Gedanken und Gefühle zu einem für sie bedeutsamen Thema äußern dürfen und dabei Gehör finden, kommt es zu einer Aktivierung der Motivationssysteme. Die Motivationssysteme wiederum sind die neurobiologische Grundlage dessen, was zu Carus' Zeiten als Vitalität, als Lebenskraft bezeichnet wurde. Bleibt soziale Resonanz aus, stürzt das »Selbst« in eine Krise. Deren Folgen äußern sich in Angst und Depression, wie wir es in den hinter uns liegenden Monaten erlebt haben, in denen uns ein hohes Maß an sozialer Isolation auferlegt war, um Menschenleben vor dem SARS-CoV2-Virus zu schützen.

Eine besondere Bedeutung als sozialer Ansprechpartner haben die Selbstnetzwerke im Falle einer ärztlichen oder psychotherapeutischen Behandlung. Die Erzielung von Änderungen im Verhalten eines Patienten sind, wie allgemein bekannt, eine nicht geringe Herausforderung. Carl Gustav Carus dürfte es mit seinen auf jeden Patienten individuell zugeschnittenen »Heilplänen« nicht anders ergangen sein. Die Medizin jener Jahre vollzog sich als Langzeitbehandlung. »Dabei hieß«, wie es Wolfgang Frühwald 2008 in seiner »Carus Lecture« formulierte, »die vermutlich herausragende ärztliche Eigenschaft dieser Zeit: Geduld.« Anders ausgedrückt, vollzog sich der »Heilplan« jener Zeit im Kontext einer Arzt-Patienten-Beziehung. Vor diesem Hintergrund ist eine von Emily Falk und KollegInnen gemachte, in den

PNAS hochrangig publizierte Beobachtung besonders faszinierend: Falk und ihre KollegInnen gaben PatientInnen, bevor die eigentliche Arbeit an den Therapiezielen in Angriff genommen wurde, die Möglichkeit, sozusagen in die Tiefen ihres »Selbst« abzutauchen, und ließen sie im Beisein des Therapeuten beziehungsweise der Therapeutin zum Ausdruck bringen, welchen ganz persönlichen Werten sie sich verpflichtet fühlen und welche zwischenmenschlichen Erfahrungen ihnen am meisten bedeutet haben. Die Folge einer solchen als »Self Affirmation« bezeichneten, therapeutisch begleiteten Selbst-Begegnung war, dass sich anschließend Therapieziele signifikant besser erreichen ließen. Als die Autoren überprüften, welche neuronalen Strukturen bei dieser »Self Affirmation« aktiviert wurden, zeigte sich: Es waren die Selbstnetzwerke im vmPFC, also in der »unteren Etage« des Stirnhirns. Die Selbstnetzwerke kodieren also nicht nur unser »Selbst« »per se«, sondern auch – und vor allem – unsere tiefen Überzeugungen und Werthaltungen. Dass diese Überzeugungen und Werthaltungen Top-down-Effekte auf biologische Parameter haben, ist das Thema des zweiten Teils meiner Ausführungen.

Das »Selbst« als »innerer Arzt«: Innere Grundhaltungen beeinflussen gesundheitsrelevante Genaktivitätsmuster

Im zweiten Teil meiner Ausführungen möchte ich zeigen, dass dem »Selbst« und seinen Werthaltungen eine Bedeutung als »innerer Arzt« zukommen kann, ganz im Sinne der von Carl Gustav Carus vorgezeichneten Bedeutung der Person und ihrer »Lebenskunst« für die Bewahrung oder Wiedererlangung der Gesundheit. Als ich als junger Arzt begann, an Entzündungsbotenstoffen und ihren Genen zu forschen, war noch nicht absehbar, welche gewaltige Bedeutung die Erforschung des Entzündungsgeschehens einige Zeit später für die gesamte Medizin haben würde. Entzündungen sind Medaillen mit zwei Seiten. Akute Entzündungen dienen letztlich einem guten Zweck, nämlich der Überwindung einer Infektion oder Verletzung, obwohl sie – siehe COVID19 – einen Menschen schwer erkranken lassen und manchmal sogar den Tod zur Folge haben können. Ganz anders verhält es sich bei chronischen, subakuten Entzündungskonstellationen: Hier spüren die Betroffenen jahrelang so gut wie nichts, haben also kaum Beschwerden, doch plötzlich steht die Diagnose eines Herzinfarktes, eines Schlaganfalles, einer Krebserkrankung oder einer Demenz im Raume. Die genannten Diagnosen sind mehrheitlich die Folge einer jahrelang schleichenden, unmerklichen Aktivierung einer Gruppe von Genen, die Entzündungsbotenstoffe herstellen. Einer dieser Entzündungsbotenstoffe ist Interleukin-6, an dessen Entdeckung und weiterer Erforschung ich in den 80er und 90er Jahren beteiligt war. Weitere wichtige Botenstoffe dieser Art sind Tumor Nekrose Faktor, Interleukin-1 und einige weitere. Moderne gentechnologische Verfahren machen es heute möglich, bei einem Menschen in einem Aufwasch die Aktivität der gesamten Gruppe von Genen zu messen, die ein schleichendes subakutes Entzündungsgeschehen hervorrufen und damit das Risiko für Herz-Kreislauf-, Krebs- und Demenzerkrankungen erhöhen. Der Clan dieser »Übeltäter-Gene« trägt den Namen »CTRA-Gene«. Die Abkürzung steht für »Conserved Transcriptional Response to Adversity«. Ich erspare Ihnen hier weitere Details. Sie mögen Näheres vielleicht in meinen Büchern nachlesen.

In einer Studie, die international Aufsehen erregte, beobachteten Barbara Fredrickson und Steven Cole, dass bei medizinisch gesunden Menschen mit einer eudaimonischen, auf Sinnhaftigkeit und Prosozialität ausgerichteten inneren Grundhaltung eine

Inaktivierung beziehungsweise Herabregulation der Aktivität der CTRA-»Übeltäter«-Gene vorliegt. Demgegenüber wiesen medizinisch gesunde Menschen mit einer hedonistischen Grundhaltung, die nur auf das eigene kurzfristige Glück ausgerichtet ist, eine Aktivierung beziehungsweise Aufregulation der CTRA-»Übeltäter«-Gene auf. Obwohl sie in den PNAS hochrangig publiziert worden waren, waren die Daten derart spektakulär, dass sie von einigen angezweifelt wurden, worauf Fredrickson und Cole die Studie an einer neuen Gruppe von ProbandInnen wiederholten, wobei sie die Ergebnisse klar replizieren konnten. Andere Autoren folgten und kamen zum gleichen Ergebnis. Der Einwand, dass es nicht die innere Grundhaltung eines Menschen sei, welche top-down die Gene beeinflusse, sondern dass möglicherweise umgekehrt das Muster der Genaktivität bottom-up die innere Grundhaltung bestimme, konnte in weiteren Studien beseitigt werden. Dazu sei hier nur eine von mehreren Studien dieser Art erwähnt: Gesunde ProbandInnen, die sich freiwillig zu einer ehrenamtlichen Tätigkeit als Schulbegleiter für benachteiligte SchülerInnen meldeten, berichteten am Ende des 9-monatigen Einsatzes nicht nur eine – zuvor nicht erlebte – neue Sinnhaftigkeit ihres Lebens, sondern zeigten eine signifikante Abnahme der Aktivität der CTRA-»Übeltäter«-Gene.

Dazu passen Beobachtungen, die meine psychoneuroimmunologische Arbeitsgruppe an der Uniklinik Freiburg bei AlzheimerpatientInnen machte. Als erster Forschergruppe gelang es uns, den Immunbotenstoff Interleukin-6, der zum soeben erwähnten Clan der »Übeltäter« zählt, in den Gehirnen von AlzheimerpatientInnen nachzuweisen, wofür mir von der Deutschen Gesellschaft für Biologische Psychiatrie der Organon-Preis verliehen wurde. Parallel zu unseren neurobiologischen Untersuchungen führten wir bei PatientInnen, die an der nicht genetisch bedingten Form der Alzheimerkrankheit litten, aufwändige Lebenslaufuntersuchungen durch. Dabei stießen wir auf ein überraschend einheitliches biografisches Muster. Die Biografien ließen ein Muster erkennen, bei dem schwere Belastungen, zum Teil regelrechte Traumatisierungen in der ersten Lebensphase zu einer Schwächung des »Selbst« geführt hatten, was die späteren PatientInnen veranlasste, sich als junge Erwachsene hoch kompetente Partner zu suchen, an die sie sich anlehnen und denen sie das Gros der Alltagsentscheidungen überlassen konnten. Einige Zeit bevor – Jahrzehnte später – erste alzheimerverdächtige Symptome auftraten, kam es im Leben der später Erkrankten zu aversiven, Angst auslösenden Veränderungen, die für die Betroffenen einen Zusammenbruch ihres bisherigen Sinngefüges bedeuteten. Wir haben diese Befunde im Jahrbuch der Medizinischen Psychologie publiziert. Leider wird die Alzheimerforschung seit den 90er Jahren auf die Amyloid-Hypothese eingeengt, und dies, obwohl kein Geringerer als Alois Alzheimer selbst die Amyloid-Hypothese in seinem Spätwerk aus guten Gründen vollkommen verworfen hatte. Meine Doktorandin Eva Becker hat im Jahre 2018 zusammen mit mir und weiteren Kollegen im angesehenen British Journal of Psychiatry eine Metaanalyse publiziert, der zufolge sich chronische Angst als ein signifikanter Risikofaktor für die Entwicklung einer Demenz erwies.

Das »Selbst« und die Natur: Die salutogenetischen Potentiale von Naturerfahrungen

Ich komme zum dritten Teil meiner Ausführungen. Wie wir alle in den letzten 14 Monaten der Corona-Pandemie leidvoll erfahren haben, kann nicht nur der Wegfall sozialer Resonanz das »Selbst« in eine Krise führen, sondern auch die durch die »stay at home«-Vorgabe und ähnliche Maßnahmen veranlasste Abtrennung des Menschen von der Natur. Die Gegenprobe zu dieser These erleben wir in diesen Tagen: Der schrittweise Wegfall der Beschränkungen hat nicht nur zu einer massiven Wiederaufnahme sozialer Kontakte geführt, sondern auch zu einer geradezu lawinenhaften Wieder-Bevölkerung der Grünanlagen, der Parks und der unsere Städte umgebenden Landschaften. So wunderbar diese Rückkehr in Richtung Normalität auch ist, so sehr ist zu befürchten, dass sich an unserer grundlegend gestörten Beziehung zur Natur nichts ändert und wir zu jener utilitaristischen, konsumistischen Einstellung zurückkehren, die einen erheblichen Beitrag zur Corona-Pandemie geleistet hatte. Im April 2018, exakt zwanzig Monate vor Beginn der Corona-Pandemie, publizierten Aneta Afelt, Roger Frutos und Christian Devaux in der wissenschaftlichen Zeitschrift »Frontiers in Microbiology« einen Beitrag, in dem sie die kurz darauf tatsächlich eingetretene Corona-Pandemie voraussagten. Warum sie zu dieser Prognose kamen, war bereits dem Titel ihrer Publikation zu entnehmen, welcher wie folgt lautete: »Bats, Coronaviruses, and Deforestation: Toward the Emergence of Novel Infectious Diseases?«, zu Deutsch: »Fledermäuse, Coronaviren und Waldvernichtung: Gehen wir neuen Infektionskrankheiten entgegen?«. Mir geht es hier nicht darum, zu fragen, warum unsere Gesundheitsbehörden beim Ausbruch der Pandemie so wenig vorbereitet waren. Meine Frage ist eine viel allgemeinere: Wie kommt es, dass wir – wir alle – dem Lauf der Dinge wie gelähmt zusehen und keinen Aufbruch spüren, obwohl uns alle Daten und Fakten zur ökologischen Gefährdung der Welt, insbesondere zum Klimawandel und seinen Ursachen, bekannt sind? Wenn uns ein solcher Neglect im zwischenmenschlichen Bereich begegnen würde, würden wir von einer Empathiestörung sprechen. Menschen brauchen, um gesund zu bleiben, nicht nur mit ihresgleichen resonante, empathische Beziehungen, sondern auch mit der Natur. Dies ist die zentrale These, die ich in meinem im November 2020 erschienenen, meinem Enkel Henry gewidmeten Buch »Fühlen, was die Welt fühlt« ausgebreitet habe.

Carl Gustav Carus war von der Möglichkeit – und von der Heilsamkeit – einer Resonanz zwischen Mensch und Natur überzeugt. »Das unbefangene Gemüt«, so schrieb er, »wird … vom angeregten aufstrebenden Naturleben, reinem Morgenlicht, heiterer Frühlingswelt ermutigt und belebt, von reiner blauer Sommerluft und voller, ruhiger Blätterfülle der Waldung erheitert und beruhigt …« Wolfgang Frühwald sprach in seiner »Carus-Lecture« 2008 mit Blick auf diese Passage, die er aus Carus' »Briefen und Aufsätzen über Landschaftsmalerei« zitierte, von einer »Außen-Innen-Korrespondenz«. Der schöne, von Frühwald seinerzeit gewählte Begriff der »Außen-Innen-Korrespondenz« ist eine wunderbare Paraphrase für das, was ich als Resonanz bezeichnet habe. Wenn Carus davon spricht, dass der Mensch »die egoistische Beziehung der ganzen Natur auf sich aufgeben und eine reine Anschauung des Weltganzen in sich aufnehmen« solle, dann meint er damit die Abkehr vom utilitaristischen Gebrauch der Natur, stattdessen eine innere Öffnung für die Wahrnehmung ihrer Größe und für eine Bereitschaft zum Staunen. Carl Gustav Carus war nicht nur mit Caspar David Friedrich befreundet, sondern selbst ein ausgezeichneter Maler von Naturlandschaften. Für ihn war die Landschaftsmalerei aber alles andere als eine abseits der Medizin gepflegte Liebhaberei, sondern ein Teil seiner Ars Medica, ein Bestandteil ärztlicher Heilkunst. Er war überzeugt von den heilsamen Wirkungen »einzelner landschaftlicher Gegenstände auf das Gemüt«.

Die medizinische Gesundheit des Menschen (A), die Qualität unserer zwischenmenschlichen Beziehungen (B) und die

Beziehung des Menschen zur Natur (C) stehen in einem Dreiecksverhältnis der Wechselseitigkeit. Dass der Klimawandel eine unmittelbare Herausforderung für die menschliche Gesundheit darstellt, ist nur das eine. Neu in den Fokus der aktuellen Forschung gerückt ist, dass ein Wiedereintreten des Menschen in eine resonante Beziehung mit der Natur die zwischenmenschliche Prosozialität und Empathiebereitschaft fördert. Darüber hinaus zeigen zahlreiche neuere Untersuchungen, dass das Erleben von Natur eine direkte antidepressive Wirkung hat, das Stresserleben vermindert und die allgemeine Lebenszufriedenheit erhöht. Eine große, während des Lockdown 2020 durchgeführte Studie aus Japan fand einen signifikanten Zusammenhang zwischen verschiedenen Paramatern der psychischen Gesundheit – darunter Angst und Depression – einerseits und der gegebenen – oder nicht gegebenen – Möglichkeit, vom Fenster der Wohnung aus auf natürliches Grün zu blicken. In einer Ende des Jahres 2020 in »Nature Scientific Reports« publizierten Studie von Melissa Marselle wurde im gesamten Stadtgebiet der Stadt Leipzig die Verschreibung von Antidepressiva in Abhängigkeit vom Baumbestand im Wohnbereich der betroffenen PatientInnen untersucht. Dort, wo Menschen fern von Bäumen wohnten, war die Verschreibungshäufigkeit von Antidepressiva signifikant erhöht. Eine Anfang dieses Jahres publizierte Untersuchung, bei der 26 000 Menschen in 26 europäischen Ländern einbezogen waren, fand einen signifikanten Zusammenhang zwischen Parametern der psychischen Gesundheit und der Präsenz von Vögeln im Wohnumfeld. Wie würde Carl Gustav Carus reagieren, wenn wir ihm vom neu erwachten Interesse der aktuellen Forschung für die Beziehung des Menschen zur Natur berichten würden? Ich denke, ihm dürfte in diesem Falle der Kommentar auf der Zunge gelegen haben, dass er all dies bereits vor 200 Jahren in seinen »Briefen und Aufsätzen über Landschaftsmalerei«

ausgeführt habe und dass wir gut daran tun, uns diesem lange Zeit vernachlässigten Forschungsgebiet wieder zuzuwenden.

Wir leben in Krisenzeiten. Wir haben mit der Corona-Pandemie eine akute Krise hinter uns, auch wenn sie noch nicht ganz überstanden ist. Neue Herausforderungen warten. Um den Klimawandel zu bremsen, werden wir unser Alltagsverhalten, insbesondere unser Mobilitäts- und Ernährungsverhalten ändern müssen. Die Transformationen, denen wir entgegengehen, werden uns vor allem dann gelingen, wenn wir erkennen und vor allem fühlen, dass wir Menschen in einer Beziehung zur Natur stehen sollten, und dass diese Beziehung eine empathische sein sollte. Um den Verbrauch fossiler Brennstoffe zu vermindern, werden wir uns mehr bewegen müssen, anstatt uns bewegen zu lassen. Dies wird einen günstigen Einfluss sowohl auf unsere Morbidität als auch auf unsere Mortalität haben. Damit die Rodung der großen Wälder dieser Erde – vor allem in Brasilien und Südostasien – ein Ende hat, werden wir unser Ernährungsverhalten umstellen müssen. Denn die Wälder werden vor allem deshalb gerodet, um Tierfutter anzubauen. Daher müssen wir auch unseren viel zu hohen Fleischverbrauch reduzieren oder ganz beenden. Auch dies wird die Morbidität, vor allem Herz-Kreislauf- und Krebserkrankungen, reduzieren. Ich meine, die Wiederaufnahme einer empathischen Beziehung des Menschen zur Natur könnte es möglich machen, dass wir die anstehenden Veränderungen unserer Lebensweise aus einer Art Liebe heraus mittragen. Wenn wir wissen, dass wir mit einer Veränderung unseres Lebensstils nicht nur diesem Globus, sondern auch unserer eigenen seelischen und körperlichen Gesundheit Gutes tun, könnten wir etwas entdecken, was ich in meinem Buch »Fühlen, was die Welt fühlt« »hedonischen Verzicht« genannt habe.

Schlussbemerkung

Das Wichtigste, dessen das »›Selbst‹ in Krisenzeiten« bedarf, ist Resonanz. Dass es vor allem das Fehlen sozialer Resonanz ist, das Menschen in die Krise kommen und krank werden lässt, ist ein lange gehegtes, durch die Corona-Pandemie leidvoll bestätigtes Credo unseres Faches. Neue Erkenntnisse aus den sozialen Neurowissenschaften können uns heute noch besser verstehen lassen, warum Carl Gustav Carus mit seinem ganzheitlichen, die Person des Kranken einbeziehenden Ansatz so recht hatte. Darüber hinaus war es mein Anliegen, deutlich zu machen, dass wir, um uns aus einer Krise zu lösen, mit der Natur eine zweite kraftvolle Resonanzquelle zur Verfügung haben. Wie erstaunlich, dass es des zeitweisen leidvollen Abgeschnittenseins von der Natur während der Pandemie und des Heraufziehens einer bevorstehenden schweren Klimakrise bedurfte, um zu begreifen, wie hellsichtig Carl Gustav Carus erfasst hatte, worauf es ankommt, wenn wir unsere Gesundheit schützen und bewahren wollen.

NOTIZEN ZUM BERUFLICHEN WERDEGANG

Arzt werden wollte ich schon als Kind. Meine Jahre am humanistischen Stuttgarter Karlsgymnasium waren eine prägende und gute Zeit. Wir hatten inspirierende junge GymnasiallehrerInnen. Einem blieb ich später noch Jahrzehnte dankbar verbunden. Die Begegnung mit Wolfgang Hinker, einem besonderen Lehrer, der seine Schülerinnen und Schüler als Menschen »sah«, war der Grund, warum ich mich Jahre später dafür einsetzte, Lehrkräfte zu unterstützen und – unter Verwendung von Erkenntnissen aus den »Sozialen Neurowissenschaften« – für beziehungsorientierten Unterricht zu qualifizieren.

Das südbadische Freiburg, wo ich Medizin studierte, hatte historisch lange zum Reich der Habsburger gehört, hatte also lange der Wiener Krone unterstanden. Ich bildete mir ein, dass das noch zu spüren sei. Leben und leben lassen. Ich engagierte mich als Student politisch für Willy Brandt (der später für seine »Ostpolitik« den Friedensnobelpreis verliehen bekam), demonstrierte gegen die Neonazis der NPD, schrieb Artikel für die »Badische Zeitung« und war am erfolgreichen Widerstand gegen das Atomkraftwerk Wyhl beteiligt. Die Grünen gab es damals noch nicht. Als die Grünen gegründet wurden, ging ich aufs medizinische Staatsexamen zu. Für Politik war dann keine Zeit mehr.

Mit der Medizin war es mir ernst. Unter den Professoren der Freiburger Medizinischen Fakultät, damals übrigens fast alles Männer, stach der renommierte Internist Wolfgang Gerok heraus. Die Zugewandtheit, mit der Gerok in den Vorlesungen der Inneren Medizin mit den PatientInnen umging, deren Krankheitsbilder er uns vorstellte, war beeindruckend. Er war in der Medizinischen Fakultät damals der Einzige, der es verstand, deeskalierend mit uns, den rebellischen StudentInnen, zu kommunizieren. Mein Traum als Student war, später bei Wolfgang Gerok zu arbeiten, der von seinen Assistenten allerdings forderte, dass sie neben ihrer Arbeit als ÄrztInnen auf den Stationen der Klinik Laborforschung betrieben. Dazu brauchte es eine zweijährige Trainingszeit als »Postdoc« in einem Forschungslabor.

Zu den besonderen Vorlesungsveranstaltungen zählte eine Abendvorlesung des Internisten und Psychoanalytikers Theodor Ferdinand Hau, der PatientInnen mit psychosomatischen Krankheitsbildern vorstellte und diese anschließend mit uns StudentInnen besprach. Bei ihm lernte ich die Psychoanalyse als wertvolle medizinische Ressource kennen. Ich besuchte dann auch Seminare in dem von ihm geleiteten Psychoanalytischen Institut, lernte psychoanalytische Erstinterviews durchzuführen und war aufgrund dessen in der Lage, eine Doktorarbeit über »Psychosomatische Aspekte der Adnexitis« zu machen. Die Arbeit wurde von Dietmar Richter, damals Oberarzt an der Gynäkologischen Universitätsklinik und zugleich ausgebildeter Psychoanalytiker, betreut. Die Ergebnisse wurden publiziert und fanden Eingang in Lehrbücher.

Nach dem Staatsexamen arbeitete ich zunächst zwei Jahre als Arzt in der Intensivmedizin. Als Assistent am Loretto-Krankenhaus Freiburg machte ich vormittags Narkosen, nachmittags betreute ich die Intensivstation. Bei meinem fachlich und menschlich hervorragenden Chef Ulrich Passmann konnte ich enorm viel lernen. Das Gleiche galt dann für Helmut Roskamm, an dessen Herzzentrum in Bad Krozingen ich anschließend auf einer der Intensivstationen eingesetzt war. Doch ich wollte zu Wolfgang Gerok, der mir als Eintrittsvoraussetzung zwei Jahre biochemische Forschung genannt hatte.

Wer als Mediziner an der Universität molekularbiologisch forschen will, sollte sich schon in der Doktorarbeit die entsprechenden Sporen verdient haben. Obwohl ich thematisch also die »falsche« Doktorarbeit gemacht hatte, gelang es mir, eine Stelle am Biochemischen Institut der Universität Freiburg in der Arbeitsgruppe von Peter C. Heinrich zu erhalten. Mit ihm und den Assistentenkollegen Volker Gross und Tilo Andus hatte ich großes Glück. Wir beschäftigten uns mit Entzündungsprozessen und arbeiteten an der Identifizierung eines Immunbotenstoffes, der – wie sich später herausstellen sollte – für immunologische und psychische Prozesse eine große Rolle spielte und den Namen Interleukin-6 erhalten sollte. Da wir unsere Ergebnisse in international anerkannten Journalen publizieren konnten, hatte ich die Eintrittskarte zu Wolfgang Gerok.

Meine Zeit in der Inneren Medizin war fordernd. Morgens begann die Arbeit auf Station, nachmittags ging man, für die Station jederzeit abrufbereit, mit »Piepser« ins Labor. In meine Jahre bei Gerok fiel das Attentat auf den Politiker und späteren Bundestagspräsidenten Wolfgang Schäuble, das ihn seither an den Rollstuhl fesselte. Dass er diesen lebensgefährlichen Angriff überhaupt so relativ gut überleben konnte, war dem überragenden Management Geroks geschuldet, der damals das Uniklinikum leitete. Gerok unterstützte meinen Wunsch nach einem Forschungsaufenthalt in den USA. Die Deutsche Forschungsgemeinschaft gewährte mir ein Stipendium. Aus mehreren mir vorliegenden Einladungen seitens amerikanischer Labors entschied ich mich für einen Aufenthalt bei George Acs am Mount Sinai Medical Center (früher »Jewish Hospital of New York«) in New York City.

George Acs war ungarischer Jude, er hatte als junger Mann das Konzentrationslager überlebt und war 1956 anlässlich des Ungarn-Aufstandes gegen die sowjetischen Besatzer in die USA emigriert. In einem unserer ersten Gespräche sprach ich über die Scham, die ich, obwohl viele Jahre nach Kriegsende geboren, über die Verbrechen empfand, die ihm und den jüdischen Mitbürgern insgesamt von Deutschen angetan wurden. Er mochte mich und ich ihn, wir hatten ein äußerst liebenswürdiges Verhältnis zueinander. Auch im Mount Sinai, direkt am Central Park, einen Block oberhalb des Guggenheim Museums gelegen, waren die Arbeitstage lang. Thema waren Entzündungsprozesse im Allgemeinen und Interleukin-6 im Besonderen. Mit George Acs publizierte ich mehrere Forschungsarbeiten in hochrangigen internationalen Journalen. Neben der Arbeit blieb trotzdem noch Zeit für meine Frau, der ich unendlich dankbar bin, und unsere beiden damals noch kleinen Kinder, die mit nach New York gekommen waren.

Nach Rückkehr aus den USA machte ich in Freiburg den Facharztabschluss und wurde von Wolfgang Gerok in Innerer Medizin habilitiert. Meine Vision war eine ganzheitliche, auch psychische Aspekte berücksichtigende Medizin. Ich beschloss zu Wolfgang Geroks Bedauern, als voll ausgebildeter Internist eine zweite Facharztausbildung in Psychiatrie und Psychotherapie zu durchlaufen, die ich bei Mathias Berger, dem damals frisch berufenen Chef der Psychiatrischen Klinik machen konnte. Das durchaus verlockende Angebot Florian Holsboers, zu ihm ans Max Planck Institut nach München zu wechseln, schlug ich aus. Wie in der Inneren Medizin setzte ich auch in der Freiburger Psychiatrie, parallel zur Arbeit auf verschiedenen Stationen, meine Forschungstätigkeit fort, die sich vor allem der Depression und den Demenzerkrankungen widmete.

Eine von mir geleitete Arbeitsgruppe entdeckte in Gehirnen von AlzheimerpatientInnen den Immunbotenstoff Interleukin-6, an dessen Erforschung ich, wie erwähnt, einige Jahre zuvor selbst mitbeteiligt gewesen war. Dass ein verdeckter Entzündungs- beziehungsweise Immunprozess einen Beitrag zur Alzheimerkrankheit leistete, war neu und der Grund, dass mir der Forschungspreis der Deutschen Gesellschaft für Biologische Psychiatrie verliehen wurde. Nachdem der Internist und Psychoanalytiker Burghard Klapp mir angeboten hatte, auf eine Professorenstelle an seine Abteilung an die Charité in Berlin zu wechseln, wurde in Freiburg eine Professorenstelle für Psychoneuroimmunologie ausgeschrieben, um mich in Freiburg zu halten.

Am Alzheimer interessierten mich nicht nur die Gehirne. Nachdem sich Hinweise häuften, dass Lebensstilfaktoren Einfluss sowohl auf die Entwicklung als auch auf die Degeneration des Gehirns nehmen können, untersuchten wir, zusammen mit meiner Frau, die eine Ausbildung als Diplompsychologin hatte, Lebensläufe von später an Alzheimer erkrankten Menschen und identifizierten ein von spezifischen Belastungen geprägtes Lebenslaufmuster. Ein weiteres Forschungsfeld jener Zeit waren psycho-immunologische Aspekte der Depression. Wir beobachteten, dass Menschen mit schwerer Depression oft davon berichten, seit vielen Jahren nicht mehr fieberhaft krank gewesen zu sein, und fanden heraus, dass eine künstliche Hervorrufung von vorübergehendem Fieber die Depression bessern kann.

Ich machte den Facharztabschluss für Psychiatrie und habilitierte ein zweites Mal. Meine Zulassung als Psychotherapeut erfolgte in beiden Hauptverfahren (Psychodynamisch-analytisch orientiert und Verhaltenstherapie). Die Lehranalyse hatte ich bei

Menachem Amitai, einem jüdischen Lehranalytiker gemacht, mit dem mich bis heute eine Freundschaft verbindet. Da sich zwischen dem Chef der Psychiatrischen Abteilung und mir ein Konflikt entwickelt hatte, wollte ich in das Nachbarfach für Psychosomatische Medizin wechseln. Horst Kächele, der Nestor der Psychoanalyse im deutschsprachigen Raum und Lehrstuhlinhaber für Psychosomatische Medizin in Ulm an der Donau, bot mir einen Wechsel zu ihm an. Meine Professur ließ sich jedoch nicht verpflanzen. Mit persönlicher Unterstützung durch den damaligen Wissenschaftsminister von Trotha konnte ich dann, wie von mir gewünscht, in Freiburg in die Nachbarabteilung wechseln.

Mein Wechsel in die Abteilung Psychosomatische Medizin war eine Art Heimkehr. Interesse an psychosomatischen Zusammenhängen war eines der Hauptmotive für die Wahl des Medizinstudiums gewesen. Nach meinem Wechsel in die Psychosomatische Medizin erweiterte ich meine wissenschaftliche Tätigkeit. Nachdem die sogenannten sozialen Neurowissenschaften eine große Datenfülle zu Fragen des zwischenmenschlichen Zusammenlebens produziert hatten, die einer Zusammenführung harrten, begann ich mich dieser Aufgabe anzunehmen und Sachbücher über die Bedeutung neurowissenschaftlicher Erkenntnisse für das menschliche Zusammenleben in der Familie, in Schulen und am Arbeitsplatz zu schreiben. Vor diesem Hintergrund engagierte ich mich vor allen mit einer Reihe von Forschungsprojekten in Schulen. Mit Unterstützung der Berliner Bundesanstalt für Arbeitsschutz und Arbeitsmedizin entwickelte ich das »Lehrercoaching nach dem Freiburger Modell«. Alle Schulprojekte wurden wissenschaftlich begleitet, alle Ergebnisse in internationalen wissenschaftlichen Journalen publiziert. In Michael Wirsching, dem Ärztlichen Direktor der Abteilung Psychosomatische Medizin, hatte ich einen zugewandten und großzügigen Förderer meiner Arbeit.

In meine Zeit an der Freiburger Psychosomatischen Medizin fielen drei Projekte, die mir besondere Freude machten. Das erste war das »Psychosomatische Dienstagskolloquium«, das im Frühjahr 2002 von mir ins Leben gerufen wurde und jeden Dienstag im Semester zwischen mindestens 200 und bis zu 1000 ZuhörerInnen im Audimax der Universität anzog, um entweder ReferentInnen unserer Abteilung oder eingeladenen renommierten auswärtigen ReferentInnen zu lauschen. Das zweite betraf die zeitweise Leitung einer auswärtigen Psychosomatischen Klinik als Ärztlicher Direktor in den Jahren 2010 und 2011. Der private Klinikbetreiber einer Allgäuer Klinik engagierte mich, um die in schweres Fahrwasser geratene Klinik, ein 100-Betten-Haus mit Akut- und Reha-Betten, wieder in gute Gewässer zu steuern. Diese Aufgabe, die mich zwei Jahre zwischen Freiburg und dem Allgäu pendeln ließ, machte mir große Freude. Ich führte an der Allgäuer Klinik moderne Therapieverfahren ein. Die Klinik blühte auf, füllte ihre Betten und hatte nach meinem Abschied lange Wartelisten. Dem Wunsch des Klinikbesitzers, ganz ins Allgäu zu wechseln, erteilte ich schweren Herzens eine Absage. Das dritte Projekt war der im Jahr 2013 von mir mitbegründete Sonderforschungsbereich »Muße« (SFB 1015). Das von meinem Kollegen Stefan Schmidt und mir geleitete Teilprojekt untersuchte, ob das Angebot eines Kurses in Achtsamkeits-basierter Stressreduktion (Mindfulness-Based Stress Reduction) von Schülerinnen, Schülern und ihren Lehrkräften als hilfreich erlebt wird.

Anlässlich meiner Emeritierung in Freiburg verlagerte ich meinen Lebens-, Arbeits- und Forschungsmittelpunkt von Freiburg nach Berlin. Am 18. Oktober 2016 hielt ich in Freiburg im völlig überfüllten Auditorium Maximum vor rund 1000 ZuhörerInnen meine Abschiedsvorlesung. Das Thema lautete: »Können sich Menschen ändern und wenn ja: wie? – Eine neurowissenschaftlich fundierte Perspektive«. Den Wechsel nach Berlin, wo ich schon seit Längerem eine Gastprofessur an der International Psychoanalytic University innehatte und als Dozent, Lehrtherapeut und Supervisor an einem Psychotherapeutischen Ausbildungsinstitut tätig bin, war von mir von langer Hand geplant. Auch meine Arbeit mit schulischen Lehrkräften fand und findet hier eine Fortsetzung, der Bedarf ist angesichts der Probleme an Berliner Schulen immens. Die Probleme in unseren Schulen sind nicht neu. Wenn wir dem politischen Radikalismus etwas entgegensetzen und den Zusammenhalt der Gesellschaft stärken wollen, müssen wir an der Bildung ansetzen. Auch der Umweltzerstörung und dem Klimawandel werden wir ohne eine gut ausgebildete junge Generation nichts entgegensetzen können. Bildung ist das A und O einer funktionierenden modernen Gesellschaft. Mein hier vorgelegtes Buch ist, wie alle vorigen, der Versuch, dazu einen Beitrag zu leisten.

WORTE DES DANKES

Die Wochen, in denen dieses Buch entstand, war ich Gast meiner auf die Azoren ausgewanderten Tochter Elisa und ihres Partners Pawel Gnosdorf, beide wunderbare Menschen, denen ich für ihre Gastfreundschaft herzlich danke. Auch mein munterer kleiner Enkel Henry und die kleine Jolie Sol, die zeitgleich mit dem Entstehen dieses Buches das Licht der Welt erblickte, haben mir die Zeit verzaubert.

Dankbarkeit empfinde ich gegenüber den Geburtshelfern dieses Buches, dem Verleger Simon Biallowons und meiner ausgezeichneten Lektorin Anna Egger. Franziska Günther und Karin Graf, meinen Agentinnen, danke ich für ihren Beitrag zur Anbahnung des Werkes.

ANMERKUNGEN

Einleitung

1 Afelt und Kollegen (2018).

2 Gabriel (2020).

3 Das bis heute existierende Freiburger »Interdisziplinäre Dienstagskolloquium« wurde 2002 von mir ins Leben gerufen. Es versammelt jeden Dienstag während des Semesters mehrere hundert Zuhörerinnen und Zuhörer im Audimax der Universität. Es wurde, wie es der vormalige Rektor der Universität, Hans-Jochen Schiewer einmal ausdrückte, zu einer »Kultveranstaltung«. Seit meinem Wechsel nach Berlin wird das »Dienstagskolloquium« von Professor Claas Lahmann und Professor Stefan Schmidt weitergeführt.

1. Was »gutes Leben« ist: Eine Ahnung aus Kinderjahren

1 Der Erste, der den hierarchischen Aufbau der kindlichen (und allgemein der menschlichen) Bedürfnisse erkannte, war Abraham Maslow (Maslow, 1943).

2 Zur Sehnsucht von Kindern nach Natur als Glücksort siehe Moula und Kollegen (2021).

3 Siehe dazu unter anderem Institut für Jugendkulturforschung (2021).

4 Aristoteles: Nikomachische Ethik. »Eu« ist das griechische Wort für »gut«. »Daimon« ist ein das Leben beeinflussender Geist. Eine Übersetzung von Eudaimonia könnte daher auch »von einem guten Geist geleitetes Leben« lauten. Dass viele Menschen sich oder anderen heutzutage einen »Schutzengel« wünschen, zeigt, dass uns das Denken der »alten Griechen« durchaus nicht fremd ist.

5 Ob psychische Erkrankungen im Verlauf der Geschichte wirklich zugenommen haben, erscheint fraglich, ist aber mit Blick auf die Stressoren der Industrialisierung auch nicht ausgeschlossen. Was in jedem Fall zugenommen hat, ist die Wahrnehmung psychischer Leiden und ihre Definition als behandlungsbedürftige Erkrankungen.

6 Kant (1797). Zu diesem 1797 verfassten Beitrag hat Christoph Wilhelm Hufeland, der erste Direktor der Charité, ein Vorwort und einen Kommentar verfasst.

7 Frankl (2021).

8 Ryff (2014); Huta und Waterman (2014).

9 Ryff (2013).

10 Lewis und Kollegen (2013).

2. »Social Genomics«: Gene und »gutes Leben«

1 DNA ist die Abkürzung von »deoxyribonucleic acid« (deutsch: Desoxyribonukleinsäure). Helix (lateinisch) ist eine schraubenförmige Struktur.

2 Die Ausmaße der Strukturen in einem Microchip liegen im Bereich von Mikrometern (1 Mikrometer = 1/1000 Millimeter). Der Durchmesser eines DNA-Fadens beträgt 2 Nanometer (1 Nanometer= 1/1000 Mikrometer.

3 Die flüssigen Bestandteile unseres Blutes, in denen die weißen und roten Blutkörperchen schwimmen, bestehen im Wesentlichen aus Eiweißen. Ebenso sind die meisten Hormone und Botenstoffe sowie ihre Empfängermoleküle auf der Oberfläche von Zellen (die sogenannten »Rezeptoren«) Eiweiße.

4 Eine nach wie vor dem modernen Wissensstand entsprechende Darstellung des Genoms (das heißt, des Erbgutes) bietet mein Buch *Das kooperative Gen*.

5 Den Vergleich des Genoms mit einem Klavier habe ich erstmals vor einigen Jahren in meinem Buch *Das Gedächtnis des Körpers* verwandt. Die überaus komplexe innere molekulare »Mechanik« des Genoms lässt sich am ehesten mit einem Uhrwerk (bei einer Uhr klassischer Bauweise) vergleichen. Die Vorstellung, die Uhrwerkrädchen seien »egoistisch«, ist – wie schon erwähnt – genauso absurd wie die These, Gene seien »egoistisch«.

6 »Genaktivtät« meint, wie stark ein Gen abgelesen wird und in welchem Umfang das Genprodukt (Protein oder Eiweiß) hergestellt wird, für welches das Gen den Bauplan besitzt.

7 In der Kindheit obliegt dies den Eltern beziehungsweise den Bezugspersonen. Wie das Kind ernährt wird, ob es sich ausreichend bewegt, welche Bildungsangebote es erhält – alle diese Faktoren haben Einfluss auf die Genaktivität und auf die Entwicklung von Körper und Gehirn.

8 Siehe dazu unter anderem die Nobel Lecture von Barbara McClintock (1983). Eine Übersicht bietet mein bereits erwähntes Buch *Das kooperative Gen*. Mit dieser wissenschaftlich glasklar erwiesenen Sicht der Dinge tun sich viele Biologen (vor allem Evolutionsbiologen der alten Schule) und Mediziner noch heute schwer.

9 Diese Gene stellen sogenannte RNA (Abkürzung für *ribonucleic acid*, deutsch: Ribonukleinsäure) her, die nicht zum Bau von Proteinen (Eiweißen) führen. RNA-Moleküle sind für das zuständig, was ich als »Logistik« bezeichnet habe.

10 Die Struktur unseres Erbgutes gleicht jener einer modernen Industriegesellschaft. Direkt der Produktion dienende Einrichtungen machen nur einen Teil des Systems aus. Der größte Teil aller Aktivitäten dient der Produktionssteuerung, der Logistik, dem An- und Abtransport und der Kommunikation. Unser Erbgut ist also kein Lego-Baukasten, weshalb unser Körper daher auch nicht mit einem aus Legosteinen – aus Genen – zusammengebauten Fahrzeug zu vergleichen ist, dessen Defekte – also Krankheiten – sich durch eine einfache Reparatur oder durch den Austausch von Bausteinen beheben ließe.

11 *Die Freigabe der Vernichtung lebensunwerten Lebens* war der Titel eines im Jahre 1920, also mehr als ein Jahrzehnt vor der Machtergreifung der Nazis erschienenen Buches, verfasst von den beiden Freiburger Professoren Karl Binding und Alfred Hoche. Näheres zur Vorbereitung der nationalsozialistischen Verbrechen durch die akademischen Eliten habe ich in meinem Buch *Prinzip Menschlichkeit* ausgeführt.

12 »Kaukasier« ist der wissenschaftliche Begriff für Menschen weißer Hautfarbe.

13 CRH ist die Abkürzung für Corticotropin Releasing Hormone.

14 Die Leugnung der Klimakrise hat ihre Bekämpfung durch geeignete politische Maßnahmen verzögert. Die Folgen sind verheerend. Ich habe der gestörten Beziehung zwischen Menschheit und Natur mein Buch *Fühlen, was die Welt fühlt* gewidmet.

15 Holt-Lunstad und Kollegen (2010, 2015).

16 Im Falle einer SARS-CoV2-Infektion zeigt(e) sich die Entzündungsreaktion des Körpers in Fieber und Krankheitsgefühl, in schweren Fällen verbunden mit einer Lungenentzündung.

17 Der Sonnenbrand ist beispielsweise eine Entzündungsreaktion des Körpers auf zu starke Sonneneinstrahlung.

18 Miller und Kollegen (2008, 2014).

19 Sarwar und Kollegen (2009).

20 Anrather und Iadecola (2016).

21 Multhoff und Kollegen (2011); Greten und Grivennikov (2019).

22 Bauer und Kollegen (1991), Kinney und Kollegen (2018). Die Entdeckung des Entzündungsbotenstoffes Interleukin-6 bei der Alzheimerkrankheit erfolgte durch meine Arbeitsgruppe.

23 Genau genommen handelt es sich um 53 Gene, die unter der Fachbezeichnung CTRA zusammengefasst werden (CTRA bedeutet »Conserved Transcriptional Response to Adversity«). Ein Überblick findet sich bei Cole (2019). Unter den CTRA-Genen können zwei Gruppen unterschieden werden: Die eine Gruppe produziert Entzündungsbotenstoffe wie (neben vielen weiteren) Tumor Nekrose Faktor (TNF), Interleukin-1 (IL-1) und Interleukin-6 (IL-6, an dessen Entdeckung und Erforschung ich als junger Forscher mit beteiligt war). Die zweite Gruppe sind Gene aus der Familie der sogenannten Interferone, die der Stärkung des Immunsystems gegen Viren dienen. Zur negativen, in ihren Langzeitfolgen potentiell bösartigen chronischen Entzündungsreaktion gehören eine *erhöhte* Aktivität der Entzündungsbotenstoff-Gene und eine *verminderte* Aktivität der Interferon-Abwehr-Gene. Wenn man die Werte der *verminderten* Genaktivität der Interferon-Abwehr-Gene von Minus nach Plus umdreht und sie zur Zunahme der Werte bei der Aktivität der Entzündungsgene hinzuzählt, dann erhält man einen gemeinsamen Messwert, der den (in seinen Langzeitfolgen potentiell bösartigen) »CTRA-Response« wiedergibt.

24 Siehe dazu nochmals die vorstehende Fußnote.

25 Elisia et al. (2020).

26 Waldschmidt und Kollegen (2008).

27 Chai und Kollegen (2017); Mazidi und Kollegen (2019). Dazu passend zeigen epidemiologische Daten einen signifikanten Zusammenhang zwischen dem Verzehr von Fleisch einerseits und Herzkreislauf- sowie bestimmten Krebserkrankungen andrerseits.

28 Fredrickson und Kollegen (2013).

29 Siehe auch nochmals Tabellen 1–3 (ab S. 173). Zum Einsatz kamen in allen genannten Untersuchungen mindestens einer von zwei etablierten wissenschaftlichen Fragebögen: das »Mental Health Continuum-Short Form«, abgekürzt MHC-SF (Keyes, 2009), sowie die »Ryff's Psychological Well-Being Scales« (Ryff und Keyes, 1995). Typische Fragen des MHC-SF (mit insgesamt 14 Items) sind, ob man das Gefühl habe, »etwas Bedeutsames oder Nützliches zur Gesellschaft beitragen« zu können; oder dass man »Erfahrungen machen [konnte], die einen herausfordern und dadurch zu einer besseren Person werden« lassen können; oder dass »Dein Leben einen Sinn und eine Richtung hat«. Die Fragen des Ryff-Fragebogens (42 Items) sind in sechs Dimensionen gegliedert (Autonomie, positive Beziehungen mit anderen Menschen, sein Leben im Griff haben, persönliches Wachstum, erlebter Lebenssinn, Selbstakzeptanz). Typische Fragen der Ryff Scales betreffen demgemäß die Fähigkeit, selbst zu entscheiden; mit Mitmenschen gute Beziehungen führen zu können; den persönlichen Verantwortlichkeiten gut nachkommen zu können;

sich persönlich weiterentwickeln zu können; sich im Leben Ziele zu setzen; und sich trotz aller Fehler selbst akzeptieren zu können. Jede der Fragen kann in beiden Fragebögen mehrstufig gewichtet beantwortet werden, was eine differenzierte Analyse der Tendenz innerhalb einer Person ermöglicht, mehr oder weniger Wert auf eine Sinn-geleitetes Leben zu legen. Zum Begriff des Gemeinsinns siehe Assmann (2018a).

30 Brown und Kollegen (2014).

31 Fredrickson und Kollegen (2015).

32 Die Namensgebung »Social Genomics« stammt von Steve Cole (Cole 2014).

33 Unser Denken ist nicht »heiße Luft«, sondern ist eine Realität. Die Realität des Denkens hat nicht nur eine geistige, sondern auch eine biologische Dimension, auf die ich auch in Kapitel 4 nochmals näher eingehe. Subjekt des Denkens ist unser »Selbst«, dessen biologische Korrelate sind die »Selbstnetzwerke«. Die geistige und die biologische Dimension des Denkens sind miteinander »verschränkt« (ein Begriff, den Jürgen Habermas in seiner Rede anlässlich der Entgegennahme des Tokyo-Preises in diesem Zusammenhang verwandte). Der in großen Teilen der modernen Naturwissenschaften gepflegte bornierte Materialismus erkennt die Realität des Geistes nicht an – eine Art Farbenblindheit. Aufgrund seiner biologischen Dimension kann das Denken in die Biologie eines lebenden Körpers einwirken.

34 Cole und Kollegen (2015).

35 Nelson-Coffey und Kollegen (2017).

36 Die Gruppe derjenigen, die gebeten worden war, speziell nur für sich selbst etwas Gutes zu tun, zeigte interessanterweise sogar eine Verschlechterung des Aktivitätsmusters. Vermutlich können wir intuitiv nachfühlen, dass es sich ungut anfühlen kann, sich selbst etwas zu Schönes zu gönnen, ohne andere mit einzubeziehen. Hierin dürften Sprichwörter wie »Geteilte Freude ist doppelte Freude« ihren (guten) Grund haben.

37 Bauer und Kollegen (1984, 1988, 1989, 1993); Andus und Kollegen (1987); Northoff und Kollegen (1987); Geiger (1988). Hinweis: Interleukin-6 trug, bevor ihm sein endgültiger Name zugeteilt wurde, die Bezeichnungen »Hepatocyte-Stimulating Factor« sowie »B-Cell Stimulating Factor 2« sowie »Interferon β2«.

38 Bauer und Kollegen (2003, 2006, 2007); Unterbrink und Kollegen (2007, 2010, 2012, 2014); Rose und Kollegen (2010); Zimmermann und Kollegen (2012); Gouda und Kollegen (2016); Bauer (2010, 2012, 2015, 2017); Braeunig und Kollegen (2018); Luong und Kollegen (2019); Von Muenchhausen und Kollegen (2021).

39 Cole und Kollegen (2020).

40 Weiteres dazu siehe Kapitel 4.

41 Die Situation zwischen Gemeinschaftskulturen und Diktaturen unterscheidet sich dadurch, dass der Wunsch nach einem hohen Maß an sozialer Identität in Gemeinschaftskulturen eine implizite, nicht als aufgezwungen erlebte kulturelle Praxis ist. Die Unterscheidung zwischen Gemeinschaftskulturen und sogenannten individualistischen Kulturen bedeutet nicht, dass eine der beiden Formen die »bessere« wäre. Der im Westen auf die Spitze getriebene Individualismus und die damit einhergehende Vereinsamung vieler Menschen ist inzwischen ein ernstzunehmender Risikofaktor für Stresserkrankungen.

42 Siehe Tabellen 1–3 (ab S. 173). In dieser Studie verwendet wurden das »Mental Health Continuum Short Form (MHC-SF)«, die »Ryff Scales of Psychological Well-being (PWB)«, und die »Subjective Well-Being (SWB) Scales«.

43 Jedem subjektiven Erleben und jedem Verhalten entspricht eine neuronale Aktivität, ein neuronales »Korrelat«. Die in jedem Menschen vorhandenen neuronalen Korrelate des »Selbst« überlappen sich mit den neuronalen Korrelaten, in denen das »Wir«, also das soziale Umfeld, dem ein Menschen angehört, abgespeichert ist (Courtney und Meyer, 2020). Diese Überlappung ist bei Personen, die in einer Gemeinschaftskultur aufwuchsen, größer als bei Menschen aus einer individualistischen Kultur (Ma und Kollegen, 2012). Bei diesem neurobiologischen Befund handelt es sich um eine kulturell begründete Konstellation, die sich durch einen Wechsel des kulturellen Milieus ändern kann. Kulturelle Milieus hinterlassen im Gehirn also einen »Fingerabdruck«. Die Unterschiede zwischen Gemeinschaftskulturen und individualistischen Kulturen sind allerdings zu hinterfragen. Menschen erleben nicht nur in Gemeinschaftskulturen Anpassungsdruck, sondern auch in den sogenannten individualistischen Kulturen des Westens. Der Unterschied besteht möglicherweise nicht darin, dass wir im Westen weniger angepasst leben würden – die klassischen und die digitalen Medien beherrschen unser Denken und Fühlen wie nie zuvor. Vielleicht liegt der Unterschied eher darin, dass sich Menschen in Gemeinschaftskulturen vor allem an tradierte familiäre Strukturen anpassen, während Menschen im Westen, nachdem sie sich von Traditionen gelöst haben, sich ihre moralischen Sklavenhalter, die ihnen vorschreiben, wie sie leben sollen, nun selbst aussuchen. Diese modernen Sklavenhalter sind die Medien, die virtuellen Räume des Internets und die sozialen Netzwerke. Die Diskussion darüber, ob der Individualismus westlicher Prägung in seiner aktuellen Version uns wirklich zu autonomen Menschen gemacht hat, ist jedenfalls sicher noch zu keinem abschließenden Ende gelangt.

44 Wie schon erwähnt, lautet der Fachbegriff für diese Gruppe »Conserved Transcriptional Response to Adversity«, abgekürzt CTRA.

45 Tawakol und Kollegen (2017).

46 Die Abkürzung PET steht für Positronen-Emissions-Tomografie.

47 Erfasst wurden erstmals aufgetretene Angina-pectoris-Ereignisse und Herzinfarkte. Krebs- und Demenzerkrankungen wurden in dieser Studie nicht erfasst, dafür hätte es eines weit längeren Beobachtungszeitraumes bedurft.

48 Siehe unter anderen Takahashi und Kollegen (2018); Leschak und Eisenberger (2019).

49 Die gegnerische Mannschaft repräsentiert in diesem Bild die Widrigkeiten des Lebens, die sich uns in den Weg stellen. Widrigkeiten sind keine Gegner, die zerstört werden sollen, sondern Teil des Spiels.

50 Kant (1785).

3. Der Mensch: Auf Zuwendung und Liebe eingestellt

1 Siehe Bauer: Arbeit – Warum sie uns glücklich oder krank macht. Heyne (2015).

2 Dopamin wird im sogenannten Ventralen Striatum (dem Zentrum des Motivationssystems) hergestellt, Beta-Endorphin kann dort und an weiteren Orten des Gehirns produziert werden. Oxytozin wird in der Hypophyse hergestellt.

3 Dass uns unser Körper nicht schmerzt, ist ein vom Organismus aktiv herzustellender Zustand. Menschen, bei denen der Organismus diese Aufgabe nicht leisten kann, leiden an einer sogenannten Somatoformen Schmerzstörung beziehungsweise an einer Fibromyalgie.

4 Einen nach wie vor aktuellen Überblick über das Motivationssystem geben meine Werke *Prinzip Menschlichkeit* und *Schmerzgrenze*. Für neuere Arbeiten siehe unter anderem Tomova und Kollegen (2019); Inagaki und Kollegen (2020); Schreuders und Kollegen (2021); Tomova und Kollegen (2021).

5 »Social reward can be a smile from an attractive person, praise from a teacher, approval from a peer, or a friendly gesture from a new acquaintance.« (»Eine soziale Belohnung kann das Lächeln einer attraktiven Person sein, das Lob eines Lehrers, die Anerkennung eines Mitschülers oder Fachkollegen oder die freundliche Geste einer neuen Bekanntschaft.«) (Bhanji und Delgado, 2014).

6 Cacioppo und Kollegen (2012); Feldman (2017).

7 Wagner und Kollegen (2015); Jolly und Kollegen (2019).

8 Novick und Kollegen (2018).

9 Besser wäre wohl zu sagen: Bezugspersonen speisen Kinder, statt ihnen Zeit zu schenken, mit Süßigkeiten oder digitalen Endgeräten ab.

10 Venau und Gonzales (2019); Le und Kollegen (2021); Sebold und Kollegen (2021).

11 Schuch-Goi und Kollegen (2017); Zhornitsky und Kollegen (2021); Fosnocht und Kollegen (2021).

12 Graeber (2012).

13 Wake und Izuma (2017); Gu und Kollegen (2019).

14 Gola und Draps (2018).

15 Die biologischen Effekte schließen auch eine Erhöhung des in Kapitel 2 erwähnten Immunbotenstoffes Interleukin-6 (an dessen Entdeckung und Erforschung ich beteiligt war) mit ein (Smith und Kollegen, 2020). Einsamkeit und soziale Isolation werden unterschieden. Einsamkeit ist ein subjektives (dessen ungeachtet objektiv existierendes) Gefühl, das einen auch dann beschleichen kann, wenn man Menschen um sich hat. Soziale Isolation bedeutet, keine Menschen um sich zu haben, was meistens – aber nicht immer – Einsamkeit zur Folge hat. In der Regel gehen Einsamkeit und soziale Isolation miteinander einher.

16 Der Grund dafür, dass Menschen sich Böses antun, ist nicht etwa ein (nicht existierender) »Aggressionstrieb«. Die Gründe liegen vielmehr in Kompensationen früherer psychischer Verwundungen oder in aktuellen Konflikten, aus denen sich manchmal Kreisläufe gegenseitiger Verletzungen entwickeln. Oft auch werden negative Gefühle, die sich an ganz anderer Stelle entwickelt haben, auf eine neue Situation übertragen, obwohl sie dort gar nicht hingehören.

17 Eisenberger und Lieberman (2004); Eisenberger (2012).

18 Interessanterweise hat die deutsche Sprache die Möglichkeit, die Nicht-Beachtung eines Menschen mit dem Ausdruck »jemanden schneiden« zu bezeichnen, womit implizit zum Ausdruck kommt, dass der betroffenen Person Schmerzen zugefügt werden.

19 Charles Darwin kannte keinen »Aggressionstrieb«. Eine ausführliche wissenschaftliche Darstellung des irrigen Hin und Her um den Aggressionstrieb findet sich in meinem Buch *Schmerzgrenze – Vom Ursprung alltäglicher und globaler Gewalt.*

20 Angst und Aggression sind Geschwister, das eine kann unmittelbar in das andere umschlagen. Beide setzen weitgehend die gleichen neurobiologischen Systeme in Gang. Niemand würde von einem »Angsttrieb« sprechen. Menschen, die chronisch Angst haben oder ständig Aggression emittieren, leiden an einer psychischen Störung (siehe zum Beispiel Coid und Kollegen, 2013) – was keineswegs im Umkehrschluss bedeutet, dass Menschen mit psychischen Störungen grundsätzlich gewalttätiger sind.

21 Inagaki et al. (2018).

22 Angst und Aggression bedienen die gleichen neurobiologischen Systeme. Der Grund für die »einseitige« Namensgebung der Amygdalae ist vermutlich der, dass sich Angst viel leichter als Aggression untersuchen lässt. Die Auslösung von echter Aggression im Scanner ist möglich, ist aber ein trickreiches Unternehmen. Ich habe dies in meinem Buch *Schmerzgrenze* näher ausgeführt.

23 Tawakol und Kollegen (2017).

24 Tamir und Mitchell (2012).

25 Eisenberger und Kollegen (2007).

26 In meinem Buch *Schmerzgrenze* habe ich dargelegt, dass die in einem Land herrschende soziale Ungleichheit mit der Häufigkeit von Gewalttaten korreliert, was die These bestätigt, dass ökonomische Ungleichheit als Ausgrenzung erlebt wird und Aggression befördert.

27 Sanfey und Kollegen (2003).

28 Tricomi und Kollegen (2010).

4. Subjekt der Empathie: »Das Selbst«

1 Natürlich sind Menschen darauf bedacht, anderen ein günstiges Bild über sich zu vermitteln. Derart geschönte Selbstbilder können erheblich von dem abweichen, wie andere uns sehen. Die Sicht, die andere auf einen Menschen haben, können allerdings genauso verfälscht sein. Der Zugangsweg der neurowissenschaftlichen Forschung umgeht einen Großteil dieser Schwierigkeiten. Die Selbstnetzwerke sind neuronale Korrelate einer Selbstsicht, bei der die ProbandInnen ohne die Anwesenheit Dritter in einer geschützten Situation für sich alleine prüfen können, ob bestimmte Eigenschaften auf die eigene Person zutreffen oder nicht.

2 Wir sollten uns durch die Möglichkeit, dass Menschen sich über die eigene Person manchmal Illusionen machen, nicht irritieren lassen. Die meisten Menschen haben eine durchaus kritische – manchmal viel zu kritische – Sicht auf sich selbst.

3 Kelley und Kollegen (2002); Arnaud D'Argembeau (2013). Viele weitere Arbeiten folgten auf William Kellys Entdeckerstudie. Für eine Übersicht siehe mein Werk *Wie wir werden, wer wir sind.* Um die Selbstnetzwerke darzustellen, versetzte man Testpersonen in eine Lage, in der sich Menschen befinden, die eine Stellenausschreibung lesen, in der bestimmte Eigenschaften gefordert werden. Die ProbandInnen bekommen, in der Röhre eines funktionellen Kernspintomografen liegend, auf einem kleinen Bildschirm der Reihe nach Adjektive zu lesen (jeweils eines zu einer Zeit), die menschliche Eigenschaften beschreiben. Die Testpersonen

sollen für sich im Stillen aufrichtig prüfen, ob die jeweilige Eigenschaft auf sie zutrifft. Dazu müssen sie neuronale Netzwerke aktivieren, die abgespeichert haben, was die Person glaubt, wer sie ist. Die ProbandInnen sind für sich alleine, Aspekte sozialer Erwünschtheit spielen keine Rolle. Während die Testpersonen ihr inneres Selbstbild aufrufen, werden die Hirnaktivitäten gemessen. Wenn man davon die Hirnaktivitäten abzieht, die gemessen wurden, als ProbandInnen anderweitig beschäftigt waren (zum Beispiel mit den Augen einem kleinen Punkt auf dem Bildschirm folgten), dann bleiben die »Selbstnetzwerke«. Wenn Menschen »nichts« tun, kreisen sie gedanklich um Fragen, die mit ihrem »Selbst« zu tun haben, was erklärt, warum sich die Selbstnetzwerke mit Netzwerken überlappen, deren Aktivität beim (scheinbaren) Nichtstun ansteigt und deshalb als »Default Mode Network« (Netzwerk im Ausschalt-Modus) bezeichnet werden (Whitfield-Gabrieli, 2011).

4 Die neuroanatomische Adresse lautet ventromedialer Präfrontaler Cortex, abgekürzt vmPFC.

5 Eine »Nebenadresse« der Selbstnetzwerke findet sich im hinteren Teil des Gehirns, eingesenkt in die wie ein Mittelscheitel von vorne nach hinten laufende Hirnteilungsfurche. Die neuroanatomische Bezeichnung der »Nebenadresse« lautet Posteriorer Cingulärer Cortex, abgekürzt PCC. Sie speichert biografische Aspekte des »Selbst«, während das über den Augenhöhlen liegende Zentrum das Hier und Jetzt des Selbstgefühls kodiert.

6 Jenkins und Mitchell (2011).

7 Falk und Kollegen (2015).

8 Lesenswerte Übersichtsarbeiten zur Empathie siehe Waytz und Mitchell (2011), De Waal und Preston (2017) sowie Eklund und Meranius (2021).

9 In der Fachliteratur nennt man dies die Fähigkeit zur »Theory of Mind«.

10 In der Fachliteratur wird dies als »Mimicry« bezeichnet.

11 Wilhelm und Bekkers (2010).

12 Diese Grundhaltung wird als »Principle of Care« bezeichnet, siehe nochmals Wilhelm und Bekkers (2010).

13 Sogenannte »heiße Psychopathen« sind aufbrausende Menschen, die in spezifischen Situationen von einem Affektsturm überrollt werden und dann Gewalt ausüben. Bei ihnen findet sich eine Volumenzunahme der Amygdalae. Sogenannte »kalte Psychopathen«, die scheinbar ohne Gemütsbewegung schwere Verbrechen begehen, zeigen eine Verschmächtigung der Amygdalae und oft auch Störungen im Bereich des Stirnhirns. Eine Übersicht über die Forschung an Psychopathen findet sich in meinem Buch *Schmerzgrenze*.

14 Ein bis heute weit verbreitetes Messinstrument ist der Interpersonal Reactivity Index IRI (Davis, 1983).

15 Mitchell und Kollegen (2006); Jenkins und Kollegen (2008); Courtney und Meyer (2020); Woo und Mitchell (2020). Vorstellungen, die wir uns über andere Personen machen, sind nicht *nur* im Selbstsystem der eigenen Person, sondern auch an anderer Stelle innerhalb des Gehirns gespeichert (zum Beispiel im medialen parietalen und im retrosplenialen Cortex), siehe dazu Thornton und Mitchell (2017).

16 Dass das »Du« älter sei als das »Ich« (Friedrich Nietzsche, *Also sprach Zarathustra*) beziehungsweise dass wir erst am »Du« zum »Ich« werden (Martin Buber, *Ich und Du*), ist eine philosophisch schon länger formulierte These, blieb aber hinsichtlich ihrer Tatsächlichkeit doch im Vagen. Daher können die dazu nun vorliegenden neurowissenschaftlichen Beiträge zwar keine Ersturheberschaft beanspruchen, sind aber doch von ungeheurem Gewicht, gerade weil sie die beiden genannten Philosophen in diesem Punkt so eindrucksvoll unterstützen.

17 Die Fähigkeit, zwischen sich und anderen zu unterscheiden, ist selbstredend von ungeheurer Wichtigkeit, ist zugleich aber überaus fragil. Bestimmte Drogen können die Grenze zwischen »Selbst« und »Nicht-Selbst« auflösen und zu Entgrenzungserfahrungen führen, wie sie auch bei schizophrenen Psychosen zu beobachten sind. Die tiefste untergründige Verbindung zwischen »Ich« und »Du« besteht, jedenfalls bei den meisten Menschen, zur eigenen Mutter. Dies dürfte erklären, warum in Momenten größter Not, zum Beispiel bei Lebensgefahr, der Geist in den ursprünglichen Zustand der Symbiose zurückfällt und die stärksten Männer ausgerechnet nach ihr (und nicht etwa nach einem starken Freund oder Retter) rufen.

18 Broom und Kollegen (2021).

19 Nochmals Broom und Kollegen (2021).

20 Ein guter Berliner Freund deutscher Abstammung, der vor vielen Jahren zum muslimischen Glauben konvertierte, erzählte mir folgende wahre Anekdote: Er stand in einem Berliner Lebensmittelgeschäft Schlange, welches gerne von Migranten aufgesucht wird. Mein Freund monierte, dass sich ein anderer Kunde, vom Aussehen und Outfit her erkennbar arabischer Herkunft, vordrängelte. Der Kritisierte begann daraufhin, meinen Freund massiv verbal anzugreifen, zu beleidigen und schließlich zu bedrohen. Daraufhin sprach mein Freund, der als Archäologe viel in arabischen Ländern arbeitet und daher gut Arabisch spricht, die Schahada (ein kurzes, in einem Satz zusammengefasstes muslimisches Glaubensbekenntnis), worauf der gerade eben noch bedrohlich aufgetretene Kunde auf der Stelle in einen liebenswürdigen Ton umschwenkte und meinen Freund herzlich umarmte, so als seien sie langjährige enge Freunde.

21 Falk und Kollegen (2015); Kang und Kollegen (2018); Capraro und Kollegen (2019).

22 Dies gilt auch für das Judentum (Abraham, Moses, Salomon, David oder die Reihe der alttestamentarischen Propheten).

23 Darwin (1993), S. 97–98.

24 Steindl-Rast (2010). David Steindl-Rast verdanke ich einen Hinweis, der mir in meiner ärztlich-therapeutischen Praxis sehr geholfen hat. Als ich ihm einmal davon berichtete, dass manche meiner an Krebs erkrankten oder von einem schweren Trauma betroffenen Patienten und Patientinnen (unter Letzteren viele Migranten) mir sagen, dass sie einst an einen Gott geglaubt, diesen Glauben aufgrund des ihnen zugefügten Leids aber verloren hätten, antwortete mir David Steindl-Rast: »Joachim, Gott leidet mit!« Auch meine Patienten und Patientinnen empfanden diese Sichtweise, wenn ich sie ihnen anbot, als hilfreich. So betrachtet wäre Gott der Inbegriff der Empathie.

5. Die emotionale Komponente der Empathie: Neuronale Resonanz

1 Shamay-Tsoory (2010); Waytz und Mitchell (2011); Bolding (2019); Bekkali und Kollegen (2020). Eine bis heute aktuelle Übersicht bietet auch mein nach wie vor aktuelles, mehrfach aktualisiertes Buch *Warum ich fühle, was du fühlst.*

2 Beide Instrumente müssen natürlich korrekt gestimmt sein.

3 Details lassen sich in meinem Buch *Warum ich fühle, was du fühlst* nachlesen.

4 Ihre Erstentdeckung gelang einer italienischen Forschergruppe um Giacomo Rizzolatti und Vittorio Gallese an Affen (Di Pellegrino und Kollegen, 1992). Ihre Existenz in menschlichen Gehirnen wurde mehrfach, auch in deutschen Labors (Buccino und Kollegen, 2008) zweifelsfrei nachgewiesen (Übersicht bei Jacoboni und Dapretto, 2006; Danziger und Kollegen, 2009).

5 Hutchison und Kollegen (1999). William Hutchison hatte Messfühler an einzelne Nervenzellen im vorderen Teil des Anterioren Cingulären Cortex (abgekürzt ACC) angelegt. Der ACC ist Teil des neuronalen Schmerzwahrnehmungssystems. Jedes Mal, wenn Hutchison, mit Zustimmung des Probanden und der Ethikkommission, den Probanden mit einer Stecknadel in die Fingerbeere stach, reagierten (»feuerten«) Nervenzellen des ACC. Als Hutchison den Probanden dann bat, zuzusehen wie Hutchison sich selbst in die Fingerbeere stach, reagierten *dieselben* Nervenzellen ein zweites Mal.

6 William Hutchison, persönliche Mitteilung.

7 Tania Singer und ihr Schüler Claus Lamm.

8 Lamm und Majdandžić (2015).

9 Die Auskunft, wer er – oder sie – ist, ist natürlich das, was der andere aus meiner subjektiven Wahrnehmung und Einschätzung heraus ist, also kein »ex cathedra« gesprochenes Urteil.

10 Somerville und Kollegen (2010). Übrigens scheint auch das erstaunlich schnelle Sprachverständnis (was wir gesagt bekommen, haben wir meistens sofort verstanden, bevor wir auch nur einen ersten Gedanken auf das verwenden, was wir gehört haben) auf Resonanzprozessen zu beruhen (Stephens und Kollegen, 2010). Eine entsprechend Vermutung hatte ich bereits in der ersten, 2005 erschienenen Ausgabe meines Buches *Warum ich fühle, was du fühlst* geäußert.

11 Auf die besondere Bedeutung von Spiegelungs- und Resonanzvorgängen in der Pädagogik gehe ich im nachfolgenden Kapitel ein.

6. Biotope der Empathie: Erziehung, Bildung, kulturelles Leben

1 Ab dem dritten Lebensjahr können und müssen Kinder dann schrittweise lernen, die Perspektive anderer zu berücksichtigen.

2 Somerville und Kollegen (2010).

3 Meltzoff und Moore (1977); Meltzoff (2007). Eine Studie, die behauptete, die 1977 publizierten Beobachtungen von Andrew Meltzoff nicht wiederholen zu können, litt an einer ganzen Reihe von schweren methodischen Fehlern (siehe Meltzoff und Kollegen (2017).

4 Blind geborene Kinder benutzten den akustischen und haptischen Kanal (diese beiden Kanäle entwickeln sich dann umso stärker und feiner).

5 Wie ich in Kapitel 4 bereits ausführte, fügen auch Erwachsene, wenn sie zueinander in Resonanz gehen, dieser immer auch etwas Eigenes hinzu.

6 Das Resonanzgeschehen zwischen Kleinkindern in den ersten beiden Lebensjahren und ihren erwachsenen Bezugspersonen erfordert ein hohes Maß an zweiseitigen (dyadischen) Interaktionen, weil das Kleinkind andernfalls nicht ausreichend spüren kann, dass es »gemeint« ist. Die Notwendigkeit eines hinreichenden Maßes an zweiseitigen Interaktionen ist der Grund, warum ein Gutachten der Bertelsmann Stiftung in Einrichtungen, die Kinder unter drei Jahren betreuen, einen Personalschlüssel von 1 (BetreuerIn) : 3 (Kinder) fordert.

7 Pauls und Kollegen (2016).

8 Luby und Kollegen (2012).

9 Suffren und Kollegen (2021).

10 Auf diese betrübliche Tatsache weisen Studien des verdienstvollen früheren Direktors des Kriminologischen Forschungsinstitutes Niedersachsen (KFN), Professor Christian Pfeiffer, hin.

11 Jenkinson (2012); Brown und Kollegen (2017).

12 Brown und Kollegen (2017).

13 Hashmi und Kollegen (2020). Aktiviert werden beim Spiel der zum Schläfenlappen gehörende Sulcus Temporalis Superior (STS) sowie Bereiche des Stirnhirns, darunter der zu den Selbstnetzwerken gehörende Orbitofrontale Cortex OFC.

14 Lysaker und Kollegen (2011); Almerico (2014).

15 Bauer und Kollegen (2003, 2006, 2007); Unterbrink und Kollegen (2007, 2010, 2012, 2014); Rose und Kollegen (2010); Zimmermann und Kollegen (2012); Gouda und Kollegen (2016); Bauer (2010, 2012, 2015, 2017); Braeunig und Kollegen (2018); Luong und Kollegen (2019); Von Muenchhausen und Kollegen (2021).

16 Ein eindrucksvolles historisches Beispiel ist die Person des preußischen Bildungsplaners Wilhelm von Humboldt (1767–1835). Ihre phantastische persönliche Bildung verdankten die beiden Brüder Alexander und Wilhelm von Humboldt eindrucksvollen Privatlehrer-Persönlichkeiten. Wilhelm von Humboldt haben wir die hohe Wertschätzung der Bildung als Wert an sich zuzuschreiben: »Der wahre Zweck des Menschen – nicht der, welchen die wechselnde Neigung, sondern welchen die ewig unveränderliche Vernunft ihm vorschreibt – ist die höchste und bestens ausbalancierte Bildung seiner Kräfte zu einem Ganzen« (Schriften zur Anthropologie und Geschichte).

17 Zum negativen Einfluss von Gewaltvideospielen auf aggressives Verhalten und auf die Empathie siehe Anderson und Kollegen (2010). Ob speziell für die Steigerung der Empathie entwickelte Videospiele (siehe Berlam und Flanegan, 2010) einlösen können, was sie versprechen, bleibt abzuwarten.

18 Mich erstaunt, wenn Amoktaten im Journalismus als anthropologisch letztlich unvermeidbare Geschehnisse dargestellt werden, hervorgerufen durch das nicht weiter hinterfragbare »Böse«. Der Versuch von psychiatrischen Experten oder Gutachtern, die Hintergründe böser Taten zu ergründen, wird im Journalismus immer wieder auch als Bagatellisierung denunziert. Interessanterweise halten sich viele JournalistInnen offenbar selbst für die bestmöglichen psychologischen Experten.

19 Siehe dazu John Hatties Metaanalyse »Visible Learning«.

20 Zych und Kollegen (2016, 2019). Sagkal und Kollegen (2012) und weitere Arbeitsgruppen konnten zeigen, dass zeitlich begrenzte (zum Beispiel über 12 Wochen gehende) Anti-Gewaltprogramme mit Heranwachsenden erfolgreich sein und zu einer Verbesserung der Empathie-Fähigkeit beitragen können, wenn sie Rollenspiele, Gesprächsrunden, Workshop-Arbeit und Fallbesprechungen enthalten. Tina Malti weist in ei-

ner dazu angefertigten Metanalyse darauf hin, dass derartige Programme umso wirksamer sind, je früher (altersbezogen) sie bei Kindern gestartet werden (Malti und Kollegen, 2016).

21 Bauer (2007, 2010, 2012, 2015).

22 Diesbezüglich ist vor falschen Selbsteinschätzungen von Lehrkräften, die sich für super-empathisch halten, von ihrem Umfeld aber nicht so wahrgenommen werden, zu warnen. Siehe dazu Warren und Hotchkins (2015). Die Autoren schreiben: »False empathy is understood … as an individual's tendency to think, believe, and act as if he or she possesses more empathy than what can be personally confirmed or validated by: (a) the beneficiaries of the empathetic response, or (b) positive outcomes resulting from the individual's application of empathy in social relationships.« (»Falsche Empathie bezeichnet die Neigung einer Person, in einer Weise zu denken, Glaubenssätze zu pflegen und zu handeln, als besäße er oder sie mehr Empathie, als tatsächlich rückgemeldet oder bestätigt würde – (a) von den Empfängern seiner oder ihrer empathischen Resonanz, oder (b) von positiven Entwicklungen infolge seiner oder ihrer Anwendung von Empathie in sozialen Beziehungen.«)

23 Opstoel und Kollegen (2019).

24 Rabinowitch und Kollegen (2021).

25 Goldstein und Winner (2012); Hashmi und Kollegen (2020).

26 Demetriou und Nicholl (2021). In diesem Projekt wurden 13- und 14-jährige Kinder im Rahmen des »Design & Technology«-Unterrichts damit beauftragt, die Geräteausstattung von Kindern, die an Asthma leiden, zu verbessern. Dass sie wussten, dass ihre Anstrengungen anderen (kranken) Kindern zugutekommen, hatte – auch jenseits des Projekts – eine signifikante Zunahme ihrer Kreativität zur Folge.

27 Djikic und Kollegen (2013); Almerico (2014).

28 Rennung und Göritz (2015, 2016).

29 Der Film, ein Spielfilm, hat die verbrecherische Verfolgung und Ermordung jüdischer Mitbürger im nationalsozialistischen Deutschland zum Thema.

30 Das Gefühl der Zusammengehörigkeit wurde dadurch erfasst, dass die TeilnehmerInnen in abgestufter Weise (von völliger Ablehnung bis zu voller Zustimmung) Stellung nehmen können, inwieweit folgende Feststellung zutrifft: »Ich fühle eine starke Verbindung mit den anderen TeilnehmerInnen« oder »Ich habe Vertrauen in die anderen TeilnehmerInnen«. Das Gefühl, den anderen ähnlich zu sein, lässt sich mit der individuellen Einschätzung einer Aussage erfassen wie zum Beispiel »Ich habe mit den anderen TeilnehmerInnen eine Menge gemeinsam«. Eingesetzt wurde auch eine visuelle »Other-in-the-self«-Skala, bei der die

ProbandInnen die Möglichkeit haben, auszudrücken, wie sehr sie Wesenszüge eines anderen Menschen intuitiv in sich wiederfinden.

31 Die Effekte vermehrter Zusammengehörigkeit hatten sich nur dann eingestellt, wenn die TeilnehmerInnen einen traurig-bewegenden Filmausschnitt sahen. Filmausschnitte komischen oder fröhliche Charakters zeigten diesen Effekt nicht.

32 Hawdon und Ryan (2011); Klep und Kollegen (2011); Swann und Kollegen (2012); Paez und Kollegen (2015).

33 Nummenmaa und Kollegen (2012, 2014).

34 Ich selbst nahm und nehme die Pandemie überaus ernst, ich habe früh (bereits im Frühjahr 2020) dringend für Masken plädiert (als manche »Fachleute« Masken noch für schädlich hielten!) und habe mich im Frühjahr 2021 als Impfarzt auch aktiv an der Impfkampagne beteiligt. Daher steht mir zu, darauf hinzuweisen, dass viele Menschen nicht nur durch den Virus, sondern auch durch die Schutzmaßnahmen und den durch sie bedingten Zusammenbruch des gesellschaftlichen und kulturellen Lebens ihr Leben verloren haben, nicht zuletzt auch durch Suizid.

35 Zwei große Übersichtsarbeiten zu den prosozialen Effekten der Kultur, sogar differenziert nach verschiedenen Kunstrichtungen, finden sich bei Kou, Konrath und Goldstein (2019) sowie bei Konrath und Kisida (2021). Eine Arbeit, die sich speziell mit dem Tanz befasste: Engelhard (2019). Zur spezifischen Bedeutung der Literatur siehe Djikic und Kollegen (2013).

36 Egermann und McAdams (2013); Clarke und Kollegen (2015); Miu und Vuoskoski (2017).

37 Schäfer und Kollegen (2020).

38 Nummenmaa und Kollegen (2021).

39 Vuoskoski, J.K. uns Kollegen (2016).

40 Launay, J. (2015).

41 Bergey (2019).

42 Immanuel Kant: »Beantwortung der Frage: Was ist Aufklärung?« Berlinische Monatsschrift (1784). Die »Verstandes-Lastigkeit« wird noch deutlicher, wenn man das Zitat erweitert wiedergibt (Kursivierung durch mich): »Aufklärung ist der Ausgang des Menschen aus seiner selbst verschuldeten Unmündigkeit. Unmündigkeit ist das Unvermögen, sich seines *Verstandes* ohne Leitung eines anderen zu bedienen. Selbstverschuldet ist diese Unmündigkeit, wenn die Ursache derselben nicht am Mangel des *Verstandes*, sondern der Entschließung und des Mutes liegt, sich seiner ohne Leitung eines anderen zu bedienen. ›Sapere aude! Habe Mut,

dich deines eigenen *Verstandes* zu bedienen!‹ ist also der Wahlspruch der Aufklärung.«

43 Markus Gabriel (2020); Reckwitz (2019).

7. Kein »gutes Leben« ohne sie: Der Empathieanspruch der Natur

1 Shuda und Kollegen (2020); Anderson und Kollegen (2021); Jimenez und Kollegen (2021).

2 Nochmals Shuda und Kollegen (2020); Anderson und Kollegen (2021); Jimenez und Kollegen (2021).

3 Bratman und Kollegen (2015); White und Kollegen (2019); Marselle und Kollegen (2020).

4 Soga und Kollegen (2020); Methorst und Kollegen (2021).

5 Paul (2000). Zhang und Kollegen (2014); Di Fabio und Kenny (2018).

6 Patterson und Kollegen (2020). Eine signifikante Reduktion des Gesundheitsrisikos zeigte sich auch bei einem Umstieg vom Auto auf den öffentlichen Nahverkehr.

7 Die Rodung der großen Wälder dieser Erde (vor allem in Brasilien und Südostasien) erfolgt vor allem, um Flächen für den Anbau von Tierfutter zu schaffen.

8 GBD (Global Burden of Diseases) Diet Collaborators (2019).

9 Immanuel Kant sprach von der »Übereinstimmung des Willens mit der Pflicht« (Kant: Metaphysische Anfangsgründe der Tugendlehre, 1797).

8. »Gutes Leben« trotz Diagnose? Erkrankungen als Belastung und Chance

1 Vielleicht erinnert sich die (der) eine oder andere Leserin (Leser) an dieser Stelle an die im zweiten Kapitel von mir erwähnte Studie mit koreanischen Probandinnen und Probanden. Korea ist, wie ich dort ausführte, eine sogenannte Gemeinschaftskultur, in der – kulturell bedingt, nicht aus biologischen Gründen – die Identität des Einzelnen sich stärker als in den individualistischen Kulturen des Westens mit der Identität der sozialen Gruppe, der man zugehört (vor allem mit der Familie) überlappt. Bei den koreanischen Probandinnen und Probanden, bei denen die Risikogene herunterreguliert waren, zeigten eine eudaimonische persönliche Grundhaltung – mit ganz besonderer Betonung der *Autonomie*!

2 Gould (2013). Gould starb 2002. Der Text wurde von einer Zeitschrift posthum publiziert.

3 Sabin (2018); Radha und Lopus (2021).

4 Reuter und Kollegen (2020). Das Buch enthält, zusätzlich zu den Überlebensgeschichten, ein zwischen Elmar Reuter und mir geführtes Experteninterview.

5 Turner (2014).

6 Ornish und Kollegen (1990, 1998).

7 Ein Trauma im medizinisch-psychologischen Sinne ist definiert als das Erleben einer extremen Gefahr (oft Lebensgefahr) bei gleichzeitiger völliger Unfähigkeit, die Situation durch Flucht oder Kampf zu bessern. Typische Traumasymptome sind erhöhte Angst und Schreckhaftigkeit, krankhafte Abwesenheitszustände (Dissoziationen), Momente des Wiedererlebens des Traumas (Intrusionen) und Alpträume. Traumatisiert sein können sowohl direkt Betroffene als auch dritte Personen, die das Trauma »nur« miterlebt haben.

8 Tedeschi und Calhoun (1996, 2004). Zur Vorgeschichte des Konzeptes des Posttraumatischen Wachstums gehört die Logotherapie Viktor Frankls (Frankl, 2021).

9 Nach meiner Erfahrung haben erwachsene Töchter oder Schwiegertöchter manchmal den besten Zugang zu einem männlichen Erkrankten, bei weiblichen Patientinnen sind es oft die Söhne.

10 Klinikärzte und -ärztinnen und ihre niedergelassenen Kollegen und Kolleginnen sollten daher, was die Ernährungsberatung angeht, immer auch den Partner oder die Partnerin und gegebenenfalls auch erwachsene Kinder mit einbeziehen.

11 Hier nur eine Übersichtsarbeit anstatt zahlreicher dazu vorliegender Studien: Rehm und Kollegen (2019).

12 Grosso und Kollegen (2017); LoConte und Kollegen (2018); Farvid und Kollegen (2018); (Steck und Murphy (2020); Gonzales und Kollegen (2020). Die letztgenannte Arbeit verweist spezifisch auch auf die Tatsache, dass Fleischverzehr die Übertragung pathogener beziehungsweise cancerogener (krebsfördernder) Viren in den menschlichen Organismus begünstigt.

13 Siehe dazu nochmals Ornish und Kollegen (1990, 1998) sowie Patel und Kollegen (2017); Al-Shaar und Kollegen (2020). Dass Alkohol das Herz schützt, hat sich in Studien, die hohen qualitativen Ansprüchen genügen, nicht bestätigen lassen (Zhao und Kollegen, 2017). Im Übrigen begünstigt Alkohol wegen seiner neurotoxischen Wirkungen Herzrhythmusstörungen, dazu liegt eine »lustige« Studie über die Folgen des Alkoholkonsums bei Oktoberfestbesuchern vor: Brunner und Kollegen (2017).

14 Luppino und Kollegen (2010).

15 LoConte und Kollegen (2018). Zum Zusammenhang zwischen Depression und Krebsrisiko siehe Jia und Kollegen (2017); Wang und Kollegen (2020).

16 Ma und Kollegen (2017). Zum vielfach nachgewiesenen Zusammenhang zwischen Depression und dem Risiko einer koronaren Herzerkrankung siehe unter anderen Alnakhli und Kollegen (2021).

17 Dittus und Kollegen (2017); Segal und Kollegen (2017); Thomas und Kollegen 2017; Ehlers und Kollegen (2020).

18 Hansel und Simon (2007); Kacur und Kollegen (2019). Auch Patientinnen und Patienten nach einem Schlaganfall können sich, wenn neurologische Symptome dem nicht entgegenstehen, leicht bis mittelgradig körperlich belasten und dadurch einen Beitrag zur Senkung ihres Blutdrucks leisten (Wang und Kollegen, 2019).

19 Körperliche Bewegung aktiviert insbesondere auch lebensverlängernde Gene, siehe Denham und Sellami (2021).

20 Boyle (2019).

9. Demenz durch Verlust von Lebenssinn? Wie wir vorbeugen und helfen können

1 Pioniere dessen, woraus sich dann die »Sozialen Neurowissenschaften« entwickelt haben, waren Renner und Rosenzweig (1987) sowie Eisenberg (2006). Das Thema durchzieht auch sämtliche meiner Bücher.

2 Zeitweise kognitive Einbußen bei schwer depressiven Menschen werden als »depressive Pseudodemenz« bezeichnet.

3 Zeichen einer Vaskulären Demenz und alzheimertypische Veränderungen des Gehirns können bei ein und derselben Person in Kombination auftreten.

4 Joachim Bauer: Die Alzheimer-Krankheit: Neurobiologie, Psychosomatik, Diagnostik und Therapie. Schattauer Verlag (1994).

5 Bauer und Kollegen (1991); Strauss und Kollegen (1992); Bauer und Berger (1993); Hüll und Kollegen (1995). Für die Entdeckung wurde ich von der Deutschen Gesellschaft für Biologische Psychiatrie mit einem Forschungspreis ausgezeichnet.

6 Bauer und Kollegen (1984, 1988, 1989, 1993); Andus und Kollegen (1987); Northoff und Kollegen (1987); Geiger (1988). Hinweis: Interleukin-6 trug, bevor ihm sein endgültiger Name zugeteilt wurde, die Bezeichnungen »Hepatocyte-Stimulating Factor« sowie »B-Cell Stimulating Factor 2« sowie »Interferon β2«.

7 Cole (2019).

8 Mrak und Griffin (2001).

9 Bauer (1997); Bauer und Kollegen (1998).

10 Das »wahrscheinlich« ist eine Abmilderung durch mich. Alzheimer hatte sich eindeutig festgelegt.

11 Bauer (1994).

12 Becker und Kollegen (2018).

13 Cass (2017); Guitar und Kollegen (2018).

14 Bauer (1997).

10. Empathie und »gutes Leben«: Ein Ausblick

1 Gabriel (2020), S. 343.

2 Kim und Kollegen (2020).

3 Hofmann und Kollegen (2014).

4 Bauer (2020).

5 Coid und Kollegen (2013).

6 Radkiewicz und Skarżyńska (2021).

7 Furnham, A. und Kollegen (2013).

8 Siehe nochmals Radkiewicz und Skarżyńska (2021).

9 Bauer (2013).

10 Bauer: Selbststeuerung – Die Wiederentdeckung des freien Willens.

11 Der hier oft genannte verblasene Begriff der »Weisheit« ist meines Erachtens untauglich. Ich halte Bildung und Wissenserwerb für eine Kardinaltugend und glaube, dass auch die griechischen Philosophen dies so meinten. Ein »Weiser«, der keine Bildung hatte, ist mir noch nicht begegnet, ich würde vor einem solchen auch warnen.

12 Broadie (1988).

13 Çoruh und Schah Idil (2021). Hakan Coruh und Abdul Hadi Shah Idil sind Dozenten am Center for Islamic Studies and Civilisation der Charles Stuart University in Australien.

14 Aristotetels: Nikomachische Ethik.

15 Der von mir genannte Kanon der universellen Werte entspricht dem von Markus Gabriel genannten (Gabriel, 2020, siehe dort S. 12–46). Zur Bedeutung Europas siehe Assmann (2018b).

16 Dütschke und Kollegen (2018).

17 Giglioli (2015). Dieses kleine Buch des an der Universität Bergamo lehrenden Dozenten für vergleichende Literaturwissenschaft gehört zum Bestem, was ich in den letzten Jahren gelesen habe.

18 Gabriel (2020), S. 248.

19 Maslow (1943).
20 Bauer (2008).
21 Primarck und Kollegen (2014). Das Sample der Studie umfasste 1787 junge Erwachsene zwischen 19 und 32 Jahren.
22 Twenge und Kollegen (2019). In diese Studie gingen die Daten von 8,2 Millionen 13- bis 18-Jährigen ein.
23 Helliwell und Huang (2013).
24 Twenge und Kollegen (2018): In diese Studie gingen die Daten von 1,1 Millionen 14- bis 18- Jährigen ein; Twenge und Campbell (2018): In diese Studie gingen die Daten von mehr als 40 000 2- bis 17-Jährigen ein; siehe auch Verduyn und Kollegen (2015) sowie nochmals Meshi und Ellithorpe (2021).
25 Twenge und Kollegen (2019).
26 Man denke an die emotional aufhetzenden, über das Radio gehaltenen Reden Hitlers und anderer Naziverbrecher.
27 Goldenberg und Kollegen (2020).
28 Kramer und Kollegen (2013). Dieses Experiment wurde nach seiner Veröffentlichung hinsichtlich der Beachtung ethischer Standards kontrovers diskutiert.
29 Brady und Kollegen (2017, 2020).
30 Bauer: Wie Medien und soziale Netzwerke uns verändern (Vortrag). https://www.youtube.com/watch?v=2XMq5jcPG9g (2019).
31 Konrath und Kollegen (2011).
32 Waytz und Gray (2018).
33 Gabriel (2020).
34 Assmann (2018b)
35 Joachim Bauer: *Arbeit – Warum sie uns glücklich oder krank macht.* Heyne (2015).

Carus Lecture 2021

1 Deutsche Gesellschaft für Psychosomatische Medizin (DGPM) und Deutsches Kollegium für Psychosomatische Medizin (DKPM).

TABELLEN

Tabelle 1

Sinn-geleitetes, eudaimonisches Leben im klassischen Griechenland und heute nach Huta und Waterman (2014):

	Eudaimonia	Hedonismus
Klassische Philosophie (Aristoteles, Aristippos)	Persönliche Potentialentfaltung; »Aufblühen« durch Verwirklichung des Guten als Zielpunkt menschlichen Handelns	Körperliche und seelische Lust
Moderne Psychologie (Horney, Maslow, Waterman, Ryff)	Persönliches Wachstum, Sinn/Bedeutung, Selbst-Verwirklichung, Authentizität, Zwischenmenschliche Beziehungen; Langfristige Gesundheit; »Life well-lived«	Genuss, Bequemlichkeit, Abwesenheit von Stress; Bewertung des Lebens nach Kosten und Nutzen; Vermeidung von Anstrengungen; »Good life«

Tabelle 2

Definition von Sinn-geleitetem, eudaimonischem Leben nach Ryff (»Ryff Scales« 2014):

Dimensionen von eudaimonischem Leben	Starke Ausprägung	Schwache Ausprägung
Autonomie	Bewertungen nach eigenen Standards; Eigensteuerung; Widerstandskraft gegen sozialen Druck	Orientierung an Erwartungen und Bewertungen anderer; Anpassung an sozialen Druck
Praktische Lebensgestaltung	Kompetenz, sich das Leben nach eigenen Bedürfnissen und gemäß eigenen Werten einzurichten	Schwierigkeiten, im Alltag klarzukommen; Unfähigkeit, Chancen wahrzunehmen
Persönliches Wachstum	Wunsch nach ständiger Weiterentwicklung; Offenheit für neue Erfahrungen; Interesse an Selbst(er)kenntnis	Kein Sinn für und kein Interesse an Weiterentwicklung; Langeweile am Leben
Positive Beziehungen	Vertrauensvolle, warmherzige Beziehungen zu Mitmenschen; Empathische Anteilnahme am Befinden anderer; Kompromissfähigkeit	Schwierigkeiten mit zwischenmenschlicher Verbundenheit; Soziale Isolation; Kompromissunfähigkeit

Lebenssinn	Gefühl, dass das Leben eine Bedeutung hat; Glaube, dass das Leben einen Sinn hat; Lebensziele	Fehlendes Gefühl für Sinn und Zweck des Lebens; Gefühl eigener Richtungslosigkeit
Selbstakzeptanz	Positive Grundeinstellung zur eigenen Person; Akzeptanz eigener guter und weniger guter Eigenschaften	Unzufriedenheit mit der eigenen Person; Ärger über sich selbst; Wunsch, anders zu sein, als man ist

Tabelle 3

Definitionen von Sinn-geleitetem, eudaimonischem Leben nach Keyes (Mental Health Continuum – Short Florishing Scale, Keyes 2009):

Soziale Dimension von Eudaimonia
Gefühl, etwas Bedeutsames oder Nützliches zur Gesellschaft beitragen zu können
Gefühl, zu einer Gemeinschaft (soziale Gruppe, Nachbarschaft) zu gehören
Gefühl, dass die Gesellschaft ein guter Platz für alle sein oder werden kann
Gefühl, dass Menschen im Grunde gut sind
Gefühl, dass die Gesellschaft, so wie sie ist, Sinn macht

Psychische Dimension von Eudaimonia
Gefühl, dass man sich selbst im großen Ganzen akzeptieren kann
Gefühl, dass man sein alltägliches Leben gut regeln und gestalten kann
Gefühl, dass man warmherzige und vertrauensvolle Beziehung zu einigen anderen Menschen hat
Gefühl, dass es Erfahrungen gibt, an denen man wachsen kann
Gefühl, dass man seine eigenen Ideen und Meinungen denken und zum Ausruck bringen kann
Gefühl, dass das eigene Leben einen Sinn oder eine Richtung hat

Kriterien für Hedonismus
Sich einfach nur glücklich fühlen
Lebensfreude haben, gerne leben
Zufriedenheit im Leben haben

ZITIERTE LITERATUR

Hinweis: An mit * gekennzeichneten Arbeiten hat Joachim Bauer als Co- oder Senior-Autor mitgewirkt. Mit ** gekennzeichnete Bücher enthalten Beiträge von Joachim Bauer.

Afelt, A. et al.: Bats, Coronaviruses, and Deforestation: Toward the Emergence of Novel Infectious Diseases? Frontiers in Microbiology. doi.org/10.3389/fmicb.2018.00702 (11. April 2018).

Almerico, G.M.: Building Character through Literacy with Children's Literature. Research in Higher Education Journal Volume 26 (2014).

Alnakhli, A. et al.: Depression and Risk of New-Onset Cardiovascular Disease. Journal of Hypertension. doi.org/10.1097/01.hjh.0000746308.58878.51 (2021).

Al-Shaar, L. et al.: Red Meat Intake and Risk of Coronary Heart Disease Among US Men: Prospective Cohort Study. British Medical Journal. doi.org/10.1136/bmj.m4141 (2020).

Anderson, C.A. et al.: Violent Video Game Effects on Aggression, Empathy, and Prosocial Behavior in Eastern and Western Countries: A Meta-Analytic Review. Psychological Bulletin 136: 151–173. doi.org/10.1037/a0018251 (2010).

Anderson, L. et al.: Nature Exposure and Its Effects on Immune System Functioning: A Systematic Review. International Journal of Environmental Research and Public Health. doi.org/10.3390/ijerph18041416 (2021).

*Andus, T. et al.: Recombinant Human B Cell Stimulatory Factor 2 (BSF-2/IFN-β2) Regulates β-Fibrinogen and Albumin mRNA Levels in Fao-9 Cells. FEBS Letters 221: 18–22 (1987).

*Andus, T. et al.: Discrimination of Hepatocyte-Stimulating Activity from Human Recombinant Tumor Necrosis Factor α. European Journal of Immunology. doi.org/10.1002/eji.1830170817 (1987).

Anrather, J. und Iadecola, C.: Inflammation and Stroke: An Overview. Neurotherapeutics 13: 661–670 (2016).

Assmann, A.: Menschenrechte und Menschenpflichten. Picus Verlag (2018a)

Assmann, A.: Der europäische Traum. C.H. Beck (2018b)

Bhanji, J.P. und Mauricio R. Delgado, M.R.: The Social Brain and Reward: Social Information Processing in the Human Striatum. Wiley Interdisciplinary Reviews: Cognitive Science 5: 61–73 (2014).

Bauer, J.: Psychosomatik der Adnexitis. Gynäkologische Praxis 6:7 25 (1982), außerdem erschienen in: Internistische Praxis 22: 525 (1982).

Bauer, J. et al.: Induction of Rat α2-Macroglobulin in vivo and in Hepatocyte Primary Cultures: Synergistic Action of Glucocorticoids and a Kupffer Cell-Derived Factor. FEBS Letters. doi.org/10.1016/0014-5793(84)80987-4 (1984).

Bauer, J. et al.: Regulation of Interleukin-6 Expression in Cultured Human Blood mMonocytes and Monocyte-Derived Macrophages. Blood 72: 1134–1140. doi.org/10.1182/blood.V72.4.1134.1134 (1988).

Bauer, J. et al.: Regulation of Interleukin 6 Receptor Expression in Human Monocytes and Monocyte-Derived Macrophages. Journal of Experimental Medicine 170: 1537–1549. doi.org/10.1084/jem.170.5.1537 (1989).

Bauer, J.: Interleukin-6 and Its Receptor during Homeostasis, Inflammation, and Tumor Growth. Klinische Wochenschrift 67: 697–706 (1989).

Bauer, J. et al: Interleukin-6 and α-2-Macroglobulin Indicate an Acute-Phase State in Alzheimer's Disease Cortices. FEBS Letters. doi.org/10.1016/0014-5793(91)80737-N (1991).

Bauer, J. und Berger, M.: Neuropathologische, immunologische und psychobiologische Aspekte der Alzheimer-Demenz. Fortschritte der Neurologie und Psychiatrie 61: 225–240. doi.org/10.1055/s-2007-999091 (1993).

Bauer, J. et al.: Effects of Interleukin-1 and Interleukin-6 on Metallothionein and Amyloid Precursor Protein Expression in Human Neuroblastoma Cells. Journal of Neuroimmunology 45: 163–173 (1993).

Bauer, J.: Die Alzheimer-Krankheit: Neurobiologie, Psychosomatik, Diagnostik. Mit einem Vorwort von Thure von Uexküll. Schattauer-Verlag Stuttgart (1994). Hinweis: Der Schattauer-Verlag, ein ehemaliger medizinischer Fachbuch-Verlag, wurde inzwischen Teil des Klett-Cotta-Verlages.

Bauer, J.: Möglichkeiten einer psychotherapeutischen Behandlung bei Alzheimer-Patienten im Frühstadium der Erkrankung. Nervenarzt 68:4 21–424 (1997).

Bauer, J. et al.: Lebenslauf-Untersuchungen bei Alzheimer-Patienten. In: Jahrbuch der Medizinischen Psychologie (Hrsg. Elmar Brähler und Koll.) Band 16 Psychosoziale Gerontologie (Hrsg. Andreas Kruse) Band 2, S. 251–275. Hogrefe Verlag, Bern (1998).

Bauer, J. et al.: Burn-out und Wiedergewinnung seelischer Gesundheit am Arbeitsplatz. Psychotherapie Psychosomatik Medizinische Psychologie 53: 213–222. doi.org/10.1055/s-2003-38865 (2003).

Bauer, J. et al.: Correlation Between Burnout Syndrome and Psychological and Psychosomatic Symptoms Among Teachers. International Archives of Occupational and Environmental Health volume 79: 199–204 (2006).

Bauer, J.: Warum ich fühle, was du fühlst – Intuitive Kommunikation und das Geheimnis der Spiegelneurone. Heyne TB, München (2006). Siehe dazu: https://www.youtube.com/watch?v=nIbqM4G-zYw

Bauer, J.: Beziehungen gestalten, Konflikte entschärfen. Coaching für Lehrergruppen. Ein Manual. Psychologie Heute compact (2007).

Bauer, J. et al.: Working Conditions, Adverse Events and Mental Health Problems in a Sample of 949 German Teachers. International Archives of Occupational and Environmental Health 80: 442–449 (2007).

Bauer, J.: Prinzip Menschlichkeit. Warum wir von Natur aus kooperieren. Heyne TB, München (2008).

Bauer, J.: Die Entdeckung des »Social Brain«. In: Was ist der Mensch? (Hrsg. Detlev Ganten und Koll.). doi.org/10.1515/9783110209716, De Gruyter, Berlin (2008).

Bauer, J.: Das kooperative Gen. Evolution als kreativer Prozess. Heyne TB, München (2010).

Bauer, J.: Die Bedeutung der Beziehung für schulisches Lehren und Lernen – Eine neurobiologisch fundierte Perspektive. Pädagogik 7/8: 6–9 (2010).

Bauer, J.: Aggression und Friedenskompetenz aus Sicht der Hirnforschung. Pädagogik 11: 11–13 (2012).

Bauer, J.: Das Gedächtnis des Körpers. Wie Beziehungen und Lebensstile unsere Gene steuern. Piper TB, München (2013).

Bauer, J.: Schmerzgrenze – Vom Ursprung alltäglicher und globaler Gewalt. Heyne Taschenbuch (2013). Siehe dazu: https://www.youtube.com/watch?v=PyLeglWf13k. Außerdem: https://www.br.de/mediathek/video/nachtlinie-talk-von-menschlicher-aggression-av:5df768d53d7366001a164cea

Bauer, J.: Arbeit – Warum sie uns glücklich oder krank macht. Heyne TB, München (2015). Siehe dazu: https://www.youtube.com/watch?v=UrlXVC4CtRI&t=943s

Bauer, J.: Erziehung zu gelingender Selbststeuerung – Neurobiologische, psychologische und soziale Aspekte. Pädagogik 6: 40–43 (2015).

Bauer, J.: Die pädagogische Beziehung: Neurowissenschaften und Pädagogik im Dialog. Lehren & Lernen 1-2017, S. 4–10 (2017).

Bauer, J.: Selbststeuerung – Die Wiederentdeckung des freien Willens. Heyne TB, München (2018).

Bauer, J.: Wie wir werden, wer wir sind. Die Entstehung des menschlichen Selbst durch Resonanz. Blessing Verlag, München (2019). Siehe dazu: https://www.youtube.com/watch?v=BwIkGXHiCLQ

Bauer, J.: Fühlen, was die Welt fühlt. Die Bedeutung der Empathie für das Überleben von Menschheit und Natur. Blessing Verlag, München (2020). Siehe dazu: https://www.youtube.com/watch?v=I32v5NZEljk

* Becker, E. et al.: Anxiety as a Risk Factor of Alzheimer's Disease and Vascular Dementia. British Journal of Psychiatry 213: 654 (2018).

Bekkali, S. et al.: Is the Putative Mirror Neuron System Associated with Empathy? A Systematic Review and Meta-Analysis. Neuropsychology Review 31: 14–57 (2021).

Jonathan Belman, J. und Flanegan, M.: Designing Games to Foster Empathy. International Journal of Cognitive Technology 14:5 (2010).

Bergey, B.P.: Music and Peacebuilding: A Survey of Two Israeli Ensembles Using Music and Dialogue to Build Understanding, Empathy, and Conflict Transformation. Promotion an der James Madison University. https://www.proquest.com/openview/477e08646bebdfe0fde7ce93b26b8839/1?pq-origsite=gscholar&cbl=18750&diss=y (2019).

Bolding, J.: Cristicism Regarding the Role of the Mirror Neuron System in Empathy yet to be Refuted. Manuskript (2019).

Boyle, C.C. et al.: Changes in Eudaimonic Well-Being and the Conserved Transcriptional Response to Adversity in Younger Breast Cancer Survivors. Psychoneuroendocrinology. doi.org/10.1016/j.psyneuen.2019.01.024 (2019).

Bradie, W.J. et al.: Emotions Shapes the Diffusion of Moralized Content in Social Networks. PNAS. doi.org/10.1073/pnas.1618923114 (2017).

Bradie, W.J. et al.: The MAD Model of Moral Contagion. Perspectives on Psychological Science. doi.org/10.1177/1745691620917336 (2020).

*Braeunig, M. et al.: Factors Influencing Mental Health Improvements in School Teachers. PLoS ONE. doi.org/10.1371/journal.pone.0206412 (2018).

Bratman et al.: Nature Experience Reduces Rumination and Subgenual Prefrontal Cortex Activation. PNAS 112: 8569 (2015).

Broadie, A.: The Moral Philosophy of Maimonides. Journal of Medical Ethics. 14: 200–203. doi.org/10.1136/jme.14.4.200 (1988).

Broom, T.W. et al.: Becoming the King in the North: identification with fictional characters is associated with greater self–other neural overlap. Social Cognitive and Affective Neuroscience 16: 541–551. doi.org/10.1093/scan/nsab021 (2021).

Brown, N. J. L. et al. (mit einem Acknowledgement an »Neuroskeptic«): A Critical Reanalysis of the Relationship between Genomics and Well-Being. PNAS 111: 12705-12709 (2014).

Brunner, S. et al.: Alcohol consumption, sinus tachycardia, and cardiac arrhythmias at the Munich Octoberfest: results from the Munich Beer Related Electrocardiogram Workup Study (MunichBREW). European Heart Journal, Volume 38: 2100–2106. doi.org/10.1093/eurheartj/ehx156 (2017).

Buccino, G. et al.: Action Observation Activates Premotor and Parietal Areas in a Somatotopic Manner: An fMRI Study. European Journal of Neuoscience. doi.org/10.1111/j.1460-9568.2001.01385.x (2008).

Cacioppo, S. et al: Social Neuroscience of Love. Clinical Neuropsychiatry 9: 3–13 (2012).

Capraro, V. et al.: Increasing Altruistic and Cooperative Behaviour with Simple Moral Nudges. Nature Scientific Reports. doi.org/10.1038/s41598-019-48094-4 (2019).

Cass, S.: Alzheimer's Disease and Exercise: A Literature Review. Current Sports Medicine Reports 16: 19–22. doi.org/10.1249/JSR.0000000000000332 (2017).

Chai, W. et al.: Dietary Red and Processed Meat Intake and Markers of Adiposity and Inflammation: The Multiethnic Cohort Study. Journal of the American College of Nutrition 36: 378–385. doi.org/10.1080/07315724.2017.1318317 (2017).

Clarke, E. et al.: Music, Empathy and Cultural Understanding. Physics of Life Reviews 15: 61–88 (2015).

Coid, J.W. et al.: Gang Membership, Violence, and Psychiatric Morbidity. American Journal of Psychiatry. doi.org/10.1176/appi.ajp.2013.12091188 (2013).

Cole S. W.: Human Social Genomics. PLoS Genetics 10:e1004601 (2014).

Cole, S. W.: Loneliness, Eudaimonia, and the Human Conserved Transcriptional Response to Adversity. Psychoneuroendocrinology 62: 11–7. doi: 10.1016/j.psyneuen.2015.07.001 (2015).

Cole, S.: The Conserved Transcriptional Response to Adversity. Current Opinion in Behavioral Science 28: 31–37. doi.org/10.1016/j.cobeha.2019.01.008 (2019).

Çoruh, H. und Schah Idil, A.H.: Islam's adaptation of virtue ethics: Bringing light to the challenges of a post-pandemic world. In: ABC Religion & Ethics. https://www.abc.net.au/religion/islamic-virtue-ethics/13034478 (2021).

Courtney, A.L. und Meyer, M.L.: Self-Other Representation in the Social Brain Reflects Social Connection. Journal of Neuroscience. doi.org/10.1523/JNEUROSCI.2826-19.2020 (2020).

Danziger, N. et al.: Can We Share a Pain We Never Felt? Neural Correlates of Empathy in Patients with Congenital Insensitivity to Pain. Neuron 61: 203–212 (2009).

D'Argembeau, A.: On the Role of the Ventromedial Prefrontal Cortex in Self-Processing: The Valuation Hypothesis. Frontiers in Human Neuroscience. doi.org/10.3389/fnhum.2013.00372 (2013).

Darwin, C.: Mein Leben, Insel Verlag, Frankfurt a.M. (1993).

Davis, M.H.: Measuring Individual Differences in Empathy: Evidence for a Multidimensional Approach. Journal of Personality and Social Psychology 44: 113–126 (1983).

De Waal, F, und Preston, S.D.: Mammalian Empathy: Behavioural Manifestations and Neural Basis. Nature Reviews Neuroscience 18: 498–509 (2017).

Di Fabio, A. und Kenny, M.: Connectedness with Nature, Personality Traits and Empathy from a Sustainability Perspective. Current Psychology. doi.org/10.1007/s12144-018-0031-4 (2018).

Di Pellegrino, G. et al.: Understanding Motor Events: A Neurophysiological Study. Experimental Brain Research 91: 176–180 (1992).

Dawkins, R.: Das egoistische Gen. Rowohlt, Reinbek (2004). Erstveröffentlichung 1976 bei Oxford University Press.

Denham, J. und Sellami, M.: Exercise Training Increases Telomerase Reverse Transcriptase Gene Expression and Telomerase Activity: A Systematic Review and Meta-Analysis. Ageing Research Reviews. doi. org/10.1016/j.arr.2021.101411 (2021).

Demetriou, H. und Nicholl, B.: Empathy is the Mother of Invention: Emotion and Cognition for Creativity in the Classroom. Improving Schools. doi.org/10.1177/1365480221989500 (2021).

Dittus, K.L.: Exercise Interventions for Individuals with Advanced Cancer: A Systematic Review. Preventive Medicine 104: 124–132 (2017).

Djikic, M. et al.: Reading Other Minds: Effects of Literature on Empathy. Scientific Study of Literature 3: 28–47.d oi.org/10.1075/ssol.3.1.06dji (2013).

Dütschke, E. et al.: Moral Licensing—Another Source of Rebound? Frontiers in Energy Research. doi.org/10.3389/fenrg.2018.00038 (2018).

Egermann, H. und McAdams, S.: Empathy and Emotional Contagion as a Link Between Recognized and Felt Emotions in Music Listening. Music Perception 31: 139–156. doi.org/10.1525/mp.2013.31.2.139 (2013).

Ehlers, D.K. et al.: The Effects of Exercise on Cancer-Related Fatigue in Breast Cancer Patients During Primary Treatment: A Meta-analysis and Systematic Review. Expert Review of Anticancer Therapy 20:8 65–877. doi.org/10.1080/14737140.2020.1813028 (2020).

Eisenberg, L.: The Social Construction of the Human Brain. The American Journal of Psychiatry. doi.org/10.1176/ajp.152.11.1563 (2006).

Eisenberger, N.I. und Lieberman, M.D.: Why Rejection Hurts: A Common Neural Alarm System for Physical and Social Pain. Trends in Cognitive Sciences 8: 294–300 (2004).

Eisenberger, N.I. et al.: Neural Pathways Link Social Support to Attenuated Neuroendocrine Stress Responses. Neuroimage 35: 1601–1612 (2007).

Eisenberger, N.I.: The Neural Bases of Social Pain: Evidence for Shared Representations with Physical Pain. Psychosomatic Medicine 74: 126–135 (2012).

Eisenberger, N.I.: The Pain of Social Disconnection: Examining the Shared Neural Underpinnings of Physical and Social Pain. Nature Reviews Neuroscience 13: 421–434 (2012).

Eklund, J.H. und Meranius, M.S.: Toward a Consensus on the Nature of Empathy: A review of Reviews. Patient Education and Counseling 104: 300–307 (2021).

Elisia, I. et al.: The Effect of Smoking on Chronic Inflammation, Immune Function and Blood Cell Composition. Nature Scientifc Reports 10:1 9480. doi.org/10.1038/s41598-020-76556-7 (2020).

Engelhard, E.S.: Embodying the Couple Relationship: Kinesthetic Empathy and Somatic Mirroring in Couples Therapy. Journal of Couple & Relationship Therapy. doi.org/10.1080/15332691.2018.14 81801 (2019).

Falk, E.B. et al.: Self-Affirmation Alters the Brain's Response to Health Messages and Subsequent Behavior Change. PNAS 112: 1977–1982 (2015).

Farvid, M.S. et al.: Consumption of Red and Processed Meat and Breast Cancer Incidence: A Systematic Review and Meta-Analysis of Prospective Studies. International Journal of Cancer. doi.org/10.1002/ ijc.31848 (2018).

Feldman, R.: The Neurobiology of Human Attachments. Trends in Cognitive Sciences 21: 80–99 (2017).

Fosnocht, A.Q. et al: Adolescent Social Isolation Increases Vulnerability to Cocaine. https://www.biorxiv.org/content/10.1101/320648v1.abstract (2021).

**Frankl, V.: Über den Sinn des Lebens. Mit einem Vorwort von Joachim Bauer. Beltz Verlag (2021).

Franziskus (Papst Franziskus): Enzyklika »Laudato Si«. https://www.vatican.va/content/francesco/de/encyclicals/documents/papa-francesco_20150524_enciclica-laudato-si.html (2015).

Fredrickson, B. L. et al.: A Functional Genomic Perspective on Human Well-Being. PNAS 110: 13684–13689 (2013).

Fredrickson, B. L. et al.: Psychological Well-Being and the Human Conserved Transcriptional Response to Adversity. PLoS One. doi: 10.1371/journal.pone.0121839 (2015).

Gabriel, M.: Moralischer Fortschritt in dunklen Zeiten. Ullstein Verlag, Berlin (2020).

GBD (Global Burden of Diseases) 2017 Diet Collaborators: Health Effects of Dietary Risks in 195 Countries, 1990–2017: A Systematic Analysis for the Global Burden of Disease Study 2017. doi.org/10.1016/S0140-6736(19)30041-8 (2019).

*Geiger, T. et al.: Cell-Free-Synthesized Interleukin-6 (BSF-2/IFN-β2) Exhibits Hepatocyte-Stimulating Activity. European Journal of Biochemistry. doi.org/10.1111/j.1432-1033.1988.tb14181.x (1988).

Ghosh, A.: Die große Verblendung. Der Klimawandel als das Undenkbare. Blessing Verlag, München (2017).

Giglioli, D.: Die Opferfalle – Wie die Vergangenheit die Zukunft fesselt. Matthes und Seitz, Berlin (2015).

Gola, M. und Draps, M.: Ventral Striatal Reactivity in Compulsive Sexual Behaviors. Frontiers in Psychiatry. doi.org/10.3389/fpsyt.2018.00546 (2018).

Goldenberg, A. et al.: Collective Emotions. Current Directions in Psychological Science 29: 154–160 (2020).

Goldstein, T.R. und Winner, E.: Enhancing Empathy and Theory of Mind. Journal of Cognition and Development. doi.org/10.1080/15248372.2011.573514 (2012).

González, N. et al.: Meat Consumption: Which Are the Current Global Risks? A Review of Recent (2010–2020) Evidence. Food Research International. doi.org/10.1016/j.foodres.2020.109341 (2020).

*Gouda, S. et al.: Students and Teachers Benefit from Mindfulness-Based Stress Reduction in a School-Embedded Pilot Study. Frontiers in Psychology. doi.org/10.3389/fpsyg.2016.00590 (2016).

Gould, S.J.: The Median Isn't the Message. Virtual Mentor 15:7 7-81. doi: 10.1001/virtualmentor.2013.15.1.mnar1-1301. (2013). Hinweis: Stephen J. Gould, der 1982 an einem Mesotheliom erkrankte, starb 2002. Die Zeitschrift »Virtual Mentor« publizierte diesen von Gould verfassten Text posthum als »Personal Narrative«.

Graeber, D.: Schulden: Die ersten 5000 Jahre. Klett-Cotta, Stuttgart (2012).

Greten, F.R. und Grivennikov, S.I.: Inflammation and Cancer: Triggers, Mechanisms, and Consequences. Immunity. doi.org/10.1016/j.immuni.2019.06.02 (2019).

Grosso, G. et al.: Possible Role of Diet in Cancer: Systematic Review and Multiple Meta-Analyses of Dietary Patterns, Lifestyle Factors, and Cancer Risk. Nutrition Reviews 75: 405–419. doi.org/10.1093/nutrit/nux012 (2017).

Gu, R. et al.: Love is Analogous to Money in Human Brain: Coordinate-Based and Functional Connectivity Meta-Analyses of Social and Monetary Reward Anticipation. Neuroscience & Biobehavioral Reviews 100: 108–128 (2019).

Guitar, N.A. et al.: The Effects of Physical Exercise on Executive Function in Community-Dwelling Older Adults Living with Alzheimer's-Type Dementia: A Systematic Review. Ageing Research Reviews 47: 159–167 (2018).

Hansel, J. und Simon, P.: Sekundärprävention der koronaren Herzerkrankung durch Bewegung – Was ist gesichert? Deutsche Zeitschrift für Sportmedizin 58: 65–66 (2007).

Hawdon, J. und Ryan, J.: Social Relations that Generate and Sustain Solidarity after a Mass Tragedy. Social Forces 89: 1363–1384 (2011).

Helliwell, J.F. und Huang, H.: Comparing the Happiness Effects of real and On-Line Friends. PLoS ONE. doi 10.1371/journal.pone.0072754 (2013).

Hofmann, W. et al.: Morality in Everyday Life. Science 345: 1340–1343 (2014).

Holt-Lunstad et al.: Social Relationships and Mortality Risk: A Meta-Analytic Review. PLOS Medicine. doi.org/10.1371/journal.pmed.1000316 (2010).

Holt-Lunstad et al.: Loneliness and Social Isolation as Risk Factors for Mortality: A Meta-Analytic Review. Perspectives on Psychological Science. doi.org/10.1177/1745691614568352 (2015).

* Hüll, M. et al.: Interleukin-6 Is Present in Early Stages of Plaque Formation and Is Restricted to the Brains of Alzheimer's Disease Patients. Acta Neuropathologica 89: 544–551 (1995).

Huta, V., Waterman, A.S.: Eudaimonia and Its Distinction from Hedonia: Developing a Classification and Terminology for Understanding Conceptual and Operational Definition. Journal of Happiness Studies 15:1 425–1456. DOI 10.1007/s10902-013-9485- (2014).

Hutchison, W.D. et al.: Pain-Related Neurons in the Human Cingulate Cortex. Nature Neuroscience 2: 403–405 (1999).

Iacoboni, M. und Dapretto, M.: The Mirror Neuron System and the Consequences of its Dysfunction. Nature Reviews Neuroscience 7: 942–951 (2006).

Inagaki, T.K. et al.: Taking Rejection to Heart: Associations Between Blood Pressure and Sensitivity to Social Pain. Biological Psychology 139: 87–95 (2018).

Inagaki, T.K. et al.: Opioids and Social Bonding: Effect of Naltrexone on Feelings of Social Connection and Ventral Striatum Activity to close others. Journal of Experimental Psychology: General, 149: 732–745. doi.org/10.1037/xge0000674 (2020).

Institut für Jugendkulturforschung: Jugendfreizeitstudie – Einblicke in die Freizeitbedürfnisse Jugendlicher im Lockdown. https://jugendkultur.at/kids-teens-special/ (2021).

Jenkins, A.C. et al.: Repetition Suppression of Ventromedial Prefrontal Activity during Judgments of Self and Others. PNAS 105: 4507–4512; doi.org/10.1073/pnas.0708785105 (2008).

Jenkins, A.C und Mitchell, J.P.: Medial Prefrontal Cortex Subserves Diverse Forms of Self-Reflection. Medial prefrontal cortex subserves diverse forms of self-reflection, Social Neuroscience, 6:3, 211–218, doi.org/10.1080/17470919.2010.507948 (2011).

Jenkinson, S.: The Genius of Play. Hawthorn Press, Stroud (2012).

JiA, Y. et al.: Depression and Cancer Risk: A Systematic Review and Meta-Analysis. Public Health 149: 138–148 (2017).

Jimenez, M.P. et al.: Associations between Nature Exposure and Health: A Review of the Evidence. International Journal of Environmental Research and Public Health. doi.org/10.3390/ijerph18094790 (2021).

Jolly, E. et al.: Wanting without Enjoying: The Social Value of Sharing Experiences. PLoS ONE 14(4): e0215318. https://doi.org/10.1371/journal.pone.0215318 (2019).

Kachur, S. et al.: Exercise Training and Cardiac Rehabilitation in Cardiovascular Disease. Expert Review of Cardiovascular Therapy 17: 585–596, doi.org/10.1080/14779072.2019.1651198 (2019).

Kang, Y. et al.: Effects of Self-Transcendence on Neural Responses to Persuasive Messages and Health Behavior Change. PNAS doi:10.1073/pnas.1805573115 (2018).

Kant, I.: Grundlegung zur Metaphysik der Sitten (1785). Von mir benützte Ausgabe: Reclam, Ditzingen (1998).

Kant, I: Von der Macht des Gemüts, durch den bloßen Vorsatz seiner krankhaften Gefühle Meister zu sein. Kant sandte diesen Text im Januar 1797 an Hufeland, der im Mai 1824 dazu ein Vorwort sowie zu einem mir nicht bekannten Datum einen Kommentar verfasste. Ich konnte den Text vor längerer Zeit über www.gutenberg.org herunterladen, was derzeit (2021) aber offenbar nicht mehr möglich ist.

Kant, I.: Beantwortung der Frage: Was ist Aufklärung? Berlinische Monatsschrift (1784).

Kelley, W.M. et al.: Finding the Self? An Event-Related fMRI Study. Journal of Cognitive Neuroscience 14: 785–794 (2002).

Keyes, C.L.M.: Brief Description of the Mental Health Continuum – Short Form. www.sociology.emory.edu/ckeyes (2009).

Kim, Y. et al.: Exercise Training Guidelines for Multiple Sclerosis, Stroke, and Parkinson's Disease: Rapid Review and Synthesis. American Journal of Physical Medicine and Rehabilitation 98: 613–621. doi: 10.1097/PHM.0000000000001174 (2019).

Kim, E.S. et al.: Volunteering and Subsequent Health and Well-Being in Older Adults: An Outcome-Wide Longitudonal Approach. American Journal of Preventive Medicine. doi.org/10.1016/j.amepre.2020.03.004 (2020).

Kinney, J. W. et al.: Inflammation As a Central Mechanism in Alzheimer's Disease. Alzheimers & Dementia 4: 575–590 (2018).

Klep, A. et al.: Interactive Affective Sharing versus Non-Interactive Affective Sharing in Work Groups: Comparative Effects of Group Affect on Work Group Performance and Dynamics. European Journal of Social Psychology 41: 312–323 (2011).

Konrath, S.H. et al.: Changes in Dispositional Empathy in American College Students Over Time: A Meta-Analysis. Personality and Social Psychology Review 15: 180–198 (2011).

Konrath, S. H. und Kisida, B.: Does Arts Engagement Increase Empathy and Prosocial Behavior? In: Engagement in the City (Leigh N. Hersey, Bryna Bobock, Eds.). Seiten 7–38. Lexington Books, Maryland (2021).

Kou, X., Konrath, S. und Goldstein, T.R.: The Relationship Among Different Types of Arts Engagement, Empathy, and Prosocial Behavior. Psychology of Aesthetics, Creativity, and the Arts 14: 481–492. doi.org/10.1037/aca0000269 (2019).

Kramer, A.D.I. et al.: Experimental Evidence of Massive-Scale Emotional Contagion through Social Networks. PNAS 111: 8788-8790 (2014).

Kühn, S. et al.: Spend Time Outdoors for Your brain – An in-Depth Longitudinal MRI Study. The World Journal of Biological Psychiatry. doi.org/10.1080/15622975.2021.1938670 (2021).

Lamm, C. und Majdandžić, J.: The Role of Shared Neural Activations, Mirror Neurons, and Morality in Empathy. Neuroscience Research 90: 15–24 (2015).

Launay, J.: Music As a Technology for Social Bonding. Physics of Life Reviews 15: 94–95. doi: 10.1016/j.plrev.2015.10.004 (2015).

Le, T.M. Et: al.: The Neural Processes Interlinking Social Isolation, Social Support, and Problem Alcohol Use. International Journal of Neuropsychopharmacology 24: 333–343. https://doi.org/10.1093/ijnp/pyaa086 (2021).

Lee, S. H.: Psychological Well-Being and Gene Expression in Korean Adults: The Role of Age. Psychoneuroendocrinology .doi: 10.1016/j.psyneuen.2020.104785 (2020).

Lemogne, C. et al.: Medial Prefrontal Cortex and the sSelf in Major Depression. Journal of Affective Disorders. doi: 10.1016/j.jad.2010.11.034 (2010).

Leschak, C.J. und Eisenberger, N.I.: Two Distinct Immune Pathways Linking Social Relationships With Health: Inflammatory and Antiviral Processes. Psychosomatic Medicine 81: 711–719 (2019).

Lewis, G.J. et al.: Neural Correlates of the ›Good Life‹: Eudaimonic Well-Being is Associated with Insular Cortex Volume. Social Cognitive and Affective Neuroscience 9: 615–618. doi.org/10.1093/scan/nst032 (2013).

LoConte, N.K. et al.: Lifestyle Modifications and Policy Implications for Primary and Secondary Cancer Prevention: Diet, Exercise, Sun Safety, and Alcohol Reduction. American Society of Clinical Oncology Educational Book 38: 88–100. doi.org/10.1200/EDBK_200093 (2018).

Luby, J.L. et al.: Maternal Support in Early Childhood Predicts Larger Hippocampal Volumes at School Age. PNAS 109: 2854–2859. doi.org/10.1073/pnas.1118003109 (2012).

*Luong, M.T. et al.: Exploring Mindfulness Benefits for Students and Teachers in Three German High Schools. Mindfulness 10: 2682–2702 (2019).

Luppino, F.S. et al.: Overweight, Obesity, and Depression A Systematic Review and Meta-analysis of Longitudinal Studies. Archives of General Psychiatry 67: 220–229 (2010).

Lysaker, J.T. et al.: Reading and Social Imagination: What Relationally Oriented Reading Instruction Can Do for Children. Reading Psychology 32: 520–566. doi.org/10.1080/02702711.2010.507589 (2011).

Ma, Y. et al.: Sociocultural Patterning of Neural Activity during Self-Reflection. Social Cognitive and Affective Neuroscience. doi.org/10.1093/scan/nss103 (2012).

Ma, Y. et al.: Study on Association of Working Hours and Occupational Physical Activity with the Occurrence of Coronary Heart Disease in a Chinese Population. PLoS ONE. doi.org/10.1371/journal.pone.0185598 (2017).

Malti, T. et al.: School-Based Interventions to Promote Empathy-Related Responding in Children and Adolescents: A Developmental Analysis. Journal of Clinical Child & Adolescent Psychology, 45: 718–731 (2016).

Marselle et al.: Urban Street Tree Biodiversity and Antidepressant Prescriptions. Nature Scientific Reports 10: 22445 (2020).

Maslow, A. H. (1943). A Theory of Human Motivation. Psychological Review, 50: 370–396. doi.org/10.1037/h0054346 (1943).

Mazidi, M. et al.: The Association of Red Meat Intake with Inflammation. British Journal of Nutrition 125: 1043–1050 (2021).

McClintock, B.: Nobel Lecture. www.nobelprize.org/prizes/medicine/1983/mcclintock/lecture/ (1983).

Meltzoff, A.N. und Moore, M.K.: Imitation of Facial and Manual Gestures by Human Neonates. Science 198: 75–78. doi.org/10.1126/science.198.4312.75 (1977).

Meltzoff, A.N.: »Like Me«: A Foundation for Social Cognition. Developmental Science 10: 126–134. doi:10.1111/j.1467-7687.2007.00574.x (2007).

Meltzoff, A.N. et al: Re-examination of Oostenbroek et al. (2016): Evidence for Neonatal Imitation of Tongue Protrusion. Developmental Science. doi.org/10.1111/desc.12609 (2017).

Meshi, D. und Ellithorpe, M.E.: Problematic Social Media Use and Social Support Received in real-Life versus on Social Media. Addictive Behaviors. doi.org/10.1016/j.addbeh.2021.106949 (2021).

Methorst et al.: The Importance of Species Diversity for Human Well-Being in Europe. Ecological Economics. doi: 10.1016/j.ecolecon.2020.106917 (2021).

Miller, G. E. et al.: A Functional Genomic Fingerprint of Chronic Stress in Humans. Biological Psychiatry 64:2 66–272 (2008).

Miller, G. E. et al.: Greater Inflammatory Activity and Blunted Glucocorticoid Signaling in Monocytes of Chronically Stressed Caregivers. Brain, Behavior, and Immunity 41: 191–199 (2014).

Mitchell, J.P. et al.: Dissociable Medial Prefrontal Contributions to Judgments of Similar and Dissimilar Others. Neuron 50: 655–663 (2006).

Miu, A. C. und Vuoskoski, J.: The Social Side of Music Listening : Empathy and Contagion in Music-Induced Emotions. In: E. King, & C. Waddington (Eds.), Music and Empathy: 124–138, Routledge, London (2017).

Moula, Z. und Kollegen: Making Nature Explicit in Children's Drawings of Wellbeing and Happy Spaces. Child Indicators Research. doi.org/10.1007/s12187-021-09811-6 (2021).

Mrak, R.E. und Griffin, W.S.T.: Interleukin-1, Neuroinflammation, and Alzheimer's Disease. Neurobiology of Aging 22: 903–908 (2001).

Multhoff, G. et al.: Chronic Inflammation in Cancer Development. Frontiers in Immunology 2: 98 (2011).

Nelson-Coffey, S. K. et al.: Kindness in the Blood: A Randomized Controlled Trial of the Gene Regulatory Impact of Prosocial Behavior. Psychoneuroendocrinology 81: 8–13 (2017).

*Northoff, H. et al.: The Inflammation Mediators Interleukin 1 and Hepatocyte-Stimulating Factor are Differently Regulated in Human Monocytes. European Journal of Immunology. https://doi.org/10.1002/eji.1830170520 (1987).

Novick, A.M. et al: The Effects of Early Life Stress on Reward Processing. Journal of Psychiatric Research 101: 80–103 (2018).

Nummenmaa, L. et al.: Emotions Promote Social Interaction by Synchronizing Brain Activity Across Individuals. Proceedings of the National Academy of Sciences 109: 9599–9604 (2012).

Nummenmaa, L. et al.: Emotional Speech Synchronizes Brains Across Listeners and Engages Large-Scale Dynamic Brain Networks. NeuroImage 102: 498–509 (2014).

Nummenmaa, L. et al.: Social Pleasures of Music. Current Opinion in Behavioral Sciences 39: 196–202 (2021).

Opstoel, K. et al.: Personal and Social Development in Physical Education and Sports: A Review Study. European Physical Education Review. doi.org/10.1177/1356336X19882054 (2019).

Ornish, D. et al.: Can Lifestyle Changes Reverse Coronary Heart Disease? The Lifestyle Heart Trial. The Lancet 336: 129–33. doi: 10.1016/s0140-6736(90)91656-u (1990).

Ornish, D. et al.: Intensive Lifestyle Changes for Reversal of Coronary Heart Disease. JAMA 280: 2001–2007. doi: 10.1001/jama.280.23.2001 (1998).

Páez, D: et al.: Psychosocial Effects of Perceived Emotional Synchrony in Collective Gatherings. Journal of Personality and Social Psycholology. doi: 10.1037/pspi000 (2015).

Patil, I. et al.: Neuroanatomical Basis of Concern-Based Altruism in Virtual Environment. Neuropsychologia. doi.org/10.1016/j.neuropsychologia.2017.02.015 (2018).

Patterson, R. et al.: Associations between Commute Mode and Cardiovascular Disease, Cancer, and all-cause Mortality, and Cancer Incidence, Using Linked Census Data over 25 Years in England and Wales: a Cohort Study. The Lancet. doi.org/10.1016/S2542-5196(20)30079-6 (2020).

Paul, E.: Empathy with Animals and with Humans: Are They Linked? Anthrozoös 13:1 94 (2000).

Paulus, M. et al.: Preschool Children's Attachment Security is Associated with their Sharing with Others. Attachment & Human Development 18: 1–15. doi.org/10.1080/14616734.2015.1100208 (2016).

Patel, H. et al.: Plant-Based Nutrition: An Essential Component of Cardiovascular Disease Prevention and Management. Current Cardiology Reports doi.org/10.1007/s11886-017-0909-z (2017).

Primarck, B.A. et al.: Social Media Use and Perceived Social Isolation Among Young Adults. American Journal of Preventive Medicine. doi.org/10.1016/j.amepre.2017.01.010. (2017).

Rabinowitch, T.-C. et al.: Long-term Musical Group Interaction Has a Positive Influence on Empathy in Children. Psychology of Music (2012).

Radha, G. und Lopus, M.: The Spontaneous Remission of Cancer: Current Insights and Therapeutic Significance. Translational Oncology. doi.org/10.1016/j.tranon.2021.101166 (2021).

Radkiewicz, P und Skarżyńska, K: Who are the »Social Darwinists«? PLoS ONE. doi.org/10.1371/journal.pone.0254434 (2021).

Reckwitz, A.: Das Ende der Illusionen. Suhrkamp Verlag, Berlin (2019).

Rehm, J. et al.: Does Alcohol Use Affect Cancer Risk? Current Nutrition Reports 8: 222–229 (2019).

Renner, M. J. und Rosenzweig, M. R.: Enriched and Impoverished Environments. Effects on Brain and Behavior. DOI 10.1007/978-1-4612-4766-1. Springer Verlag, New York (1987).

Rennung, M. und Göritz, A.S.: Prosocial Consequences of Interpersonal Synchrony. Zeitschrift für Psychologie 224: 168–189. doi.org/10.1027/2151-2604/a000252 (2016).

Rennung, M. und Göritz, A.S.: Facing Sorrow as a Group Unites. Facing Sorrow in a Group Divides. PLoS ONE 10(9): e0136750. doi:10.1371/journal.pone.0136750 (2015).

**Reuter, E. et al.: Mehr Jahresringe als erwartet. Überlebensgeschichten nach schwerer Krebserkrankung. Mit einem Experten-Interview von Joachim Bauer. Schattauer Verlag, Stuttgart (2020).

*Rose, U. et al.: Intention as an Indicator for Subjective Need: A new Pathway in Need Assessment. Journal of Occupational Medicine and Toxicology. doi.org/10.1186/1745-6673-5-20 (2010).

Ryff, C.D. und Keyes, C.L.: The Structure of Psychological Well-Being Revisited. Journal of Personality and Social Psychology 69: 719–727 (1995).

Ryff, C.D.: Eudaimonic Well-Being and Health: Mapping Consequences of Self-Realization. In A. S. Waterman (Ed.), The Best within Us: Positive Psychology Perspectives on Eudaimonia: 77–98, American Psychological Association. https://doi.org/10.1037/14092-005 (2013).

Ryff, C.D.: Psychological Well-Being Revisited: Advances in the Science and Practice of Eudaimonia. Psychotherapy and Psychosomatics 83: 10–28 (2014).

Sabin, G.: Exceptional Responders, Outliers, and Radical Remissions. Journal of Alternative and Complementary Medicine 24: 1014–1015. doi: 10.1089/acm.2018.0334, (2018).

Sagkal, A.S. et al.: Empathy for Interpersonal Peace: Effects of Peace Education on Empathy Skills. Educational Sciences: Theory & Practice – 12 (2). Supplementary Special Issue (2012).

Sanfey, A.G. et al.: The Neural Basis of Economic Decision-Making in the Ultimatum Game. Science 300: 1755–1758 (2003).

Sarwar, N. et al.: Markers of Inflammation and Risk of Coronary Heart Disease. Disease Markers 26: 217–225 (2009).

Schäfer, K. et al.: Music May Reduce Loneliness and Act as Social Surrogate for a Friend: Evidence from an Experimental Listening Study. Music& S cience. doi.org/10.1177/2059204320935709 (2020).

Schreuders, E. et al.: Friendship Stability in Adolescence is Associated with Ventral Striatum Responses to Vicarious Rewards. Nature Communications 12: Article number: 313 (2021).

Schuch-Goi, S.B. et al.: Accumbens Volumes are Reduced Among Crack-Cocaine Users. Neuroscience Letters 645: 86–89 (2017).

Sebold, M. et al.: Neurobiology of Alcohol Dependence. In: el-Guebaly N., Carrà G., Galanter M., Baldacchino A.M. (eds) Textbook of Addiction Treatment. Springer, Cham. https://doi.org/10.1007/978-3-030-36391-8_2 (2021).

Segal, R. et al.: Exercise for People with Cancer: A Systematic Review. Current Oncology 24: 290–315; doi.org/10.3747/co.24.3619 (2017).

Shamay-Tsoory, S.G.: The Neural Bases for Empathy. The Neuroscientist. doi.org/10.1177/1073858410379268 (2010).

Shuda, Q. et al.: Effect of Nature Exposure on Perceived and Physiologic Stress: A Systematic Review. Complementary Therapies in Medicine. doi.org/10.1016/j.ctim.2020.102514 (2020).

Smith, K.J. et al.: The Association Between Loneliness, Social Isolation and Inflammation: A Systematic Review and Meta-Analysis. Neuroscience & Biobehavioral Reviews 112: 519–541 (2020).

Soga et al.: A Room with a Green View: The Importance of Nearby Nature for Mental Health During the COVID-19 Pandemic. Ecological Applications e02248 (2020).

Somerville, L.H. et al.: Self-Esteem Modulates Medial Prefrontal Cortical Responses to Evaluative Social Feedback. Cerebral Cortex 20:3 005–13. doi: 10.1093/cercor/bhq049 (2010).

Steck, S.E., Murphy, E.A.: Dietary Patterns and Cancer Risk. Nature Reviews Cancer 20: 125–138. doi.org/10.1038/s41568-019-0227-4 (2020).

Steindl-Rast, D.: Credo – Ein Glaube, der uns alle verbindet. Herder Verlag, Freiburg i. Br. (2010).

Stephens, G.J. et al.: Speaker–Listener Neural Coupling Underlies Successful Communication. PNAS 107: 14425–14430. doi.org/10.1073/pnas.1008662107 (2010).

*Strauss, S. et al.: Detection of Interleukin-6 and Alpha 2-Macroglobulin Immunoreactivity in Cortex and Hippocampus of Alzheimer's Disease Patients. Laboratory Investigations 66:2 23–230 (1992).

Suffren, S. et al.: Prefrontal Cortex and Amygdala Anatomy in Youth with Persistent Levels of Harsh Parenting Practices and Subclinical Anxiety Symptoms over Time During Childhood. Development and Psychopathology. doi.org/10.1017/S0954579420001716 (2021).

Sui, J. und Gu, X.: Self as Object: Emerging Trends in Self Research. Trends in Neurosciences 40: 643–653 (2017).

Swann, W.B. et al.: When Group Membership Gets Personal: A Theory of Identity Fusion. Psychological Reviews 119: 441–456. doi: 10.1037/a0028589 (2012).

Takahashi, A. et al.: Aggression, Social Stress, and the Immune System. Frontiers in Behavioral Neuroscience. doi.org/10.3389/fnbeh.2018.00056 (2018).

Tamir, D.I. und Mitchell, J.P: Disclosing Information About the Self is Intrinsically Rewarding. PNAS. doi.org/10/1073/pnas.1202129109 (2012).

Tawakol, A. et al.: Relation Between Resting Amygdalar Activity and Cardiovascular Events: A Longitudinal and Cohort Study. Lancet 389: 834–845 (2017).

Tedeschi, R.G., Calhoun, L.G.: The Posttraumatic Growth Inventory: Measuring the Positive Legacy of Trauma. Journal of Traumatic Stress 9:4 55–71. doi: 10.1007/BF02103658 (1996).

Tedeschi, R.G., Calhoun, L.G.: Posttraumatic Growth. Psychological Inquiry 15:1 (2004).

Thomas, R.J. et al.: Exercise-Induced Biochemical Changes and Their Potential Influence on Cancer: A Scientific Review. British Journal of Sports Medicine. doi.org/10.1136/bjsports-2016-096343 (2017).

Thornton, M.A. und Mitchell, J.P.: Consistent Neural Activity Patterns Represent Personally Familiar People. Journal of Cognitive Neuroscience 29: 1583–1594 (2017).

Tomova, L. et al: The Neuroscience of Unmet Social Needs. Social Neuroscience. doi.org/10.1080/17470919.2019.1694580 (2019).

Tricomi, E. et al.: Neural Evidence for Inequality-Averse Social Preferences. Nature 463: 1089–91. doi: 10.1038/nature08785 (2010).

Turner, K.A.: Spontaneous/Radical Remission of Cancer: Transpersonal Results from a Grounded Theory Study. International Journal of Transpersonal Studies 33: 42–56 (2014).

Twenge, J. M. und Campbell, W.K.: Associations between Screen Time and Lower Psychological Well-Being among Children and Adolescents: Evidence from a Population-Based Study. Preventive Medicine Reports 12: 271–283 (2018).

Twenge, J.M. et al.: Decreases in Psychological Well-Being among American Adolescents after 2012 and Links to Screen Time uring the Rise of Smartphone Technology. Emotion 18: 765–780. doi.org/10.1037/emo0000403 (2018).

Twenge, J.M. et al.: Age, Period, and Cohort Trends in Mood Disorder Indicators and Suicide-Related Outcomes in a Nationally Representative Dataset, 2005–2017. Journal of Abnormal Psychology 128: 185–199. doi.org/10.1037/abn0000410 (2019).

Twenge, J.M. et al.: Less In-Person Social Interaction with Peers among U.S. Adolescents in the 21st Century and Links to Loneliness. Journal of Social and Personal Relationships. doi.org/10.1177/0265407519836170 (2019).

*Unterbrink. T. et al.: Burnout and Effort–Reward-Imbalance in a Sample of 949 German Teachers. International Archives of Occupational and Environmental Health 80: 433–441 (2007).

*Unterbrink, T. et al.: Improvement in School Teachers' Mental Health by a Manual-Based Psychological Group Program. Psychotherapy and Psychosomatics 79: 262–264 (2010).

*Unterbrink, T. et al.: Burnout and Effort–Reward Imbalance Improvement for Teachers by a Manual-Based Group Program. International Archives of Occupational and Environmental Health 85: 667–674 (2012).

*Unterbrink, T. et al.: A Manual-Based Group Program to Improve Mental Health: What Kind of Teachers Are Interested and Who Stands to Benefit from this Program? International Archives of Occupational and Environmental Health 87: 21–28 (2014).

Vena, A.A. und Gonzales, R.: Alcohol's Effects on Extracellular Striatal Dopamine. Neuroscience of Alcohol. Mechanisms and Treatment. doi.org/10.1016/B978-0-12-813125-1.00043-X (2019).

Verduyn, P. et al.: Passive Facebook Usage Undermines Affective Well-Being. Journal of Experimental Psychology 144: 480–488 (2015).

Von Muenchausen, S. et al.: Teacher Self-Efficacy and Mental Health—Their Intricate Relation to Professional Resources and Attitudes in an Established Manual-Based Psychological Group Program. Frontiers in Psychiatry. doi: 10.3389/fpsyt.2021.510183 (2021).

Vuoskoski, J.K. et al.: Music Listening Evokes Implicit Affiliation. Psychology of Music. doi.org/10.1177/0305735616680289 (2016).

Wagner, U. et al.:. Beautiful Friendship: Social Sharing of Emotions Improves Subjective Feelings and Activates the Neural Reward Circuitry. Social Cognitive and Affective Neuroscience 10: 1–29 (2015).

Wake, S.J. und Izuma, K.: A Common Neural Code for Social and Monetary Rewards in the Human Striatum. Social Cognitive and Affective Neuroscience 12: 1558–1564. doi.org/10.1093/scan/nsx092 (2017).

Waldschmidt, T.J. et al.: Alcohol and Inflammation & Immune Responses. Alcohol 42: 137–142 (2008).

Wang, C. et al.: Aerobic Exercise Interventions Reduce Blood Pressure in Patients after Stroke or Transient Ischaemic Attack: A Systematic Review and Meta-Analysis. British Journal of Sports Medicine. doi.org/10.1136/bjsports-2017-098903 (2019).

Wang, Y.-H. et al.: Depression and Anxiety in Relation to Cancer Incidence and Mortality: A Systematic Review and Meta-Analysis of Cohort Studies. Molecular Psychiatry 25: 1487–1499 (2020).

Warren, C.A, und Hotchkins, B.K.: Teacher Education and the Enduring Significance of »False Empathy«. The Urban Review 47: 266–292 (2015).

Waytz, A. und Mitchell, J.P.: Two Mechanisms for Simulating Other Minds: Dissociations Between Mirroring and Self-Projection. Current Directions in Psychological Science 20: 197–200 (2011).

Waytz, A. und Gray, K.:Does Online Technology Make Us More or Less Sociable? A Preliminary Review and Call for Research. Perspectives on Psychological Science. doi.org/10.1177/1745691617746509 (2018).

White, M.P. et al.: Spending at least 120 Minutes a Week in Nature is Associated with Good Health and Wellbeing. Scientific Reports 9:7 730 (2019).

Whitfield-Gabrieli, S. et al.: Associations and Dissociations between Default and Self-Reference Networks in the Human Brain. NeuroImage 55: 225–232 (2011).

Wilhelm, M.O. und Bekkers, R.: Helping Behavior, Dispositional Empathic Concern, and the Principle of Care. Social Psychology Quarterly 73: 11–32 (2010).

Woo, B. M. und Mitchell, J.P: Simulation: A Strategy for Mindreading Similar but not Dissimilar Others? Journal of Experimental Social Psychology 90. doi.org/10.1016/j.jesp.2020.104000 (2020).

Zhang, J.W. et al.: An Occasion for Unselfing: Beautiful Nature Leads to Prosociality. Journal of Environmental Psychology 37: 61–72 (2014).

Zhao, J. et al.: Alcohol Consumption and Mortality From Coronary Heart Disease: An Updated Meta-Analysis of Cohort Studies. Journal of Studies on Alcohol and Drugs 78: 375–386 (2017).

Zhornitsky, S. et al.: Reward-Related Responses and Tonic Craving in Cocaine Addiction: An Imaging Study of the Monetary Incentive Delay Task. International Journal of Neuropsychopharmacology. doi.org/10.1093/ijnp/pyab016 (2021).

*Zimmermann, L. et al.: Mental Health and Patterns of Work-Related Coping Behaviour in A German Sample of Student Teachers: A Cross-Sectional Study. International Archives of Occupational and Environmental Health 85: 865–876 (2012).

Zych, I. et al.: Empathy and Callous–Unemotional Traits in Different Bullying Roles: A Systematic Review and Meta-Analysis. Trauma, Violence, & Abuse. doi.org/10.1177/1524838016683456 (2016).

Zych et al.: Are Children Involved in Cyberbullying Low on Empathy? A Systematic Review and Meta-Analysis of Research on Empathy versus Different Cyberbullying Roles. Aggression and Violent Behavior 45: 83–97 (2019).

PERSONENREGISTER

A

Acs, George 144
Adududdin al-Iji 109
Afelt, Aneta 135
Alzheimer, Alois 101 f., 134
Amitai, Menachem 146
Andus, Tilo 143
Aristippos 16, 173
Aristoteles 16, 109, 151, 173
Assmann, Aleida 120, 155, 178

B

Becker, Eva 102, 134
Berger, Mathias 144
Binding, Karl 153
Brandt, Willy 141
Bruno, Giordano 60
Buber, Martin 161
Buddha 57, 60

C

Carus, Carl Gustav 123–127, 130 f., 136 f., 139
Cole, Steven (Steve) 29, 31 f., 132 f., 154 f.

D

Dalai Lama 57, 60
Darwin, Charles 19, 23, 60, 158
Dawkins, Richard 19
Devaux, Christian 135
Dietrich, Marlene41 f.

E

Eisenberg, Leon 169
Eisenberger, Naomi 46

F

Falk, Emily 131
Frankl, Viktor 17, 168
Fredrickson, Barbara 29, 132 f.
Freud, Sigmund 47
Friedrich, Caspar David 136
Frühwald, Wolfgang 126, 130, 136
Frutos, Roger 135

G

Gabriel, Markus 13 f., 39, 77, 81, 105, 117, 119
Gallese, Vittorio 162
Gerok, Wolfgang 142–144
Goethe, Johann Wolfgang von123, 125
Göritz, Anja77–79
Gould, Stephen Jay 89
Gregor der Große 109
Gross, Volker 143

H

Habermas, Jürgen 155
Hau, Theodor Ferdinand 142
Heinrich, Peter C. 143
Hinker, Wolfgang 141
Hoche, Alfred 153
Holsboer, Florian 144
Hollaender, Friedrich 41
Hufeland, Christoph Wilhelm 152, 188
Humboldt, Alexander von 123
Humboldt, Wilhelm von 164
Hutchison, William63, 162 f.

J

Jesus Christus 57

K

Kächele, Horst 146
Kant, Immanuel 17, 40, 59, 81, 152, 166 f.
Kelley, William 127 f.
Klapp, Burghard 145
Koch, Robert 125
Konrath, Sara 118
Kraepelin, Emil 102
Küng, Hans 60

L

Lahmann, Claas 151
Lamm, Claus 163
Lieberman, Matthew 46
Lorenz, Konrad 47

M

Maimonides 109
Malti, Tina 165
Mälzer, Tim 31
Maria 57
Marselle, Melissa 137
Maslow, Abraham 112, 151, 173
McClintock, Barbara 152
Meltzoff, Andrew 163
Mendel, Gregor 22 f.
Mitchell, Jason 129
Mohammed 57
Moses

N

Nietzsche, Friedrich 161

O

Omer, Haim 74
Ornish, Dean 90

P

Passmann, Ulrich 142
Pfeiffer, Christian 164
Plato60, 108

R

Reckwitz, Andreas 81
Renner, Michael J. 162
Reuter, Elmar 90 f., 168
Richter, Dietmar124, 142
Rizzolatti, Giacomo 162
Rosenzweig, Mark R. 169
Roskamm, Helmut 143

S

Sagkal, Ali 165
Schäuble, Wolfgang 143
Schiewer, Hans-Jochen 151
Schmidt, Stefan 151

Seeman, Theresa 32
Singer, Tania 163
Sokrates 60
Somerville, Leah 129, 163
Spielberg, Steven 78
Steindl-Rast, David 60, 162

T

Trenker, Luis 62
Trotha, Klaus von 146
Trump, Donald 105, 117
Turner, Kelly 90 f.
Twenge, Jean 112, 114

V

Virchow, Rudolf 126

W

Wirsching, Michael 146

SACHREGISTER

A

ACC 46, 162–163
Aggression 42–49
Aggressionstrieb 47, 158
Alkohol 88, 93, 168
Alkoholkonsum 28, 168
Alternativmedizin 90
Alzheimer(erkrankung) 55, 99–102, 133 f., 145, 153, 169 f.
Amygdalae 24, 37, 48, 71, 128, 159 f.
Angst 12, 24 f., 36, 38, 47 f., 70, 81, 98, 101, 106, 108, 111, 113, 119, 121, 130, 134, 137, 158 f., 168
Angstzentren (siehe Amygdalae)
Anpassung
- soziale 34, 119, 156, 174
Ärzte, Ärztinnen 17, 26, 64, 72, 75 f., 83, 130, 166 f.
Aufklärung 14, 39, 85, 166 f.
- »neue« 13, 19, 23, 81, 105, 118–121
Ausgrenzung 23, 38, 46–49, 159, 75

B

Belohnungssystem 42–45, 49, 130, 157
Bestimmung des Menschen 48, 71 f., 105, 107
Bewegung 15, 21, 62 f., 68, 91, 94 f., 102, 169
Beziehungen 21, 32 f., 43 f., 49, 53, 55, 59, 65 f., 68, 70, 72–77, 79, 83 f., 87, 92, 98, 102 f., 117, 130, 136–138, 153 f., 165, 173–176
Bildung 23, 67, 72 f., 81, 108, 119–121, 147 f., 152, 164, 170
Biologie 11, 19, 21, 24, 124 f., 155
Bluthochdruck 23, 47, 99
Böse, das 13, 36 f., 39 f., 45, 107 f., 158, 164

C

Club der Risikogene 27–34, 36 f.
Coron(virus) 12, 31, 134 f., 138 f.
CTRA 132 f., 154, 157
COVID 19 132

D

Degeneration des Gehirns (neurofibrilläre) 102, 145

Demenz(erkrankung) 27, 29, 33, 35, 43, 48, 88, 97–100, 102, 106, 132, 134, 145, 157, 169, 178

Demokratie 12, 111, 120

Depression 12, 17, 25, 47, 94 f., 98, 113 f., 128, 130, 137, 145, 169

Diabetes 23, 99

Diktatur 111, 120, 156

Diskriminierung 45 f., 48 f.

DNA 20, 152

Drogen 45, 88, 161

E

Egoismus 18 f., 105, 107

Einsamkeit 24 f., 29 f., 38, 43, 45, 80, 113, 158

Eiweiße 20

Empathie 40, 51, 53–55, 57, 61, 64, 67–73, 76–80, 82, 84 f., 105–107, 111 f., 114, 117 f., 135, 137, 160, 162, 164 f.

- kognitive 53–57, 61, 65
- emotional-intuitive 53, 57–61

Entzündungen 26 f., 31, 36–38, 48, 88, 100, 106, 132, 143–145, 153 f.

Entzündungsbotenstoffe 26, 36, 132, 153 f.

Erbgut 20–22, 97, 152 f.

Ernährung 84, 91, 93–95, 138, 168

Erziehung 46, 67, 71, 118

Eudaimonia (eudaimonisch) 16 f., 28–30, 33–36, 48, 53, 61, 66, 81, 85, 88, 96, 98, 107–109, 118–120, 126, 132, 151, 167, 173–176

Eugenik 22

Europa 48, 110–111, 120

Evolutionsbiologie 19, 108

F

Fleisch(konsum) 27, 93, 154

»Freiburger Modell« 76, 146

Freiheit 33, 39, 108 f., 121

Freiwilligkeit 33–35, 109

G

Gefühle 32 f., 38, 43, 45–47, 49, 62, 78, 80 f., 84, 87 f., 91, 95, 106 f., 110, 130, 154, 158, 165 f., 175 f.

Gehirn 18, 37, 42, 46, 49, 52, 54 f., 57, 62 f., 70, 72, 80, 97 f., 100–102, 127 f., 133, 145, 152, 156 f., 160–162, 169

Geist 11, 28, 40, 151, 155, 161

Gemeinschaft 15, 45, 175

Gemeinschaftskultur 34 f., 156, 167

Gemeinsinn 11, 28, 33, 70, 106

Gen(e) 11, 18–31, 67–40, 51, 105, 132 f., 152– 154

Genaktivität 21 f., 27, 30, 33 f., 37, 48, 127, 133, 152, 154

Genaktivitätsmuster 23, 30, 33–35, 131

Genom 20, 23, 152

Gentechnik 27

Gesellschaft 12, 28, 47 f., 74, 111, 147 f., 154, 175
Gesundheit 11, 17 f., 21 f., 25, 27, 31, 39, 83, 91, 102, 106, 119, 121, 127, 136–139, 173
Gewalt 44, 48, 76, 98, 107 f., 111, 158–160, 164 f.
Glaube 109, 161 f., 165, 175
Gleichwertigkeit 14, 39
Glücksbotenstoffe 42, 50
Griechenland
- »Alte Griechen« 17, 151
- klassisches 28, 173
Gute, das 13 f., 38–40, 42, 45, 107, 110
»gutes Leben« 11, 13, 15, 33–35, 39, 48, 50, 61, 72, 77, 98, 105–107, 109, 118, 121

H

Hass 12, 23, 115
Hedonismus (hedonisch, hedonistisch) 16, 18, 28, 107, 133, 138, 173, 176
Heilung 17, 26
Herzinfarkt 27, 29, 132, 157
Herz-Kreislauf-Erkrankungen 33, 35, 37 f., 84, 88, 90, 93, 95 f., 100, 106, 132, 138
Hoffnung 13, 15, 64, 90, 109
Humanität 11, 14, 31, 34, 40, 50, 71, 106, 108, 120, 205
Hypothalamus 24, 128

I

Identität 34, 70, 156, 167
Immunbotenstoff 31, 133, 143, 145, 158
Immunsystem 45, 154
Industriegesellschaft 153
Infektion(skrankheiten) 125, 132, 135, 153
innere Einstellung 17, 28, 30
Interleukin-6 26, 31, 36, 100, 132 f., 143–145, 153–155, 158, 169
Internet 12, 45, 66, 73, 79, 112–118, 156
Interferone 169

J

Judentum 109, 162
Jugendliche 45, 47, 71–75, 112, 118

K

Kapitalismus 19, 111
Kategorischer Imperativ 40, 59
Kinder 12, 23, 32, 44, 46, 47, 70–75, 88, 99, 112 f., 118, 144, 151, 158, 163, 165, 168
Kindheit (Kinderjahre) 15, 22, 24, 44, 70, 87, 107, 152
Klima(wandel) 12, 25, 83 f., 109, 116, 117, 119, 135, 137–139, 147
Körpersprache 63 f.
Konflikt(e) 24, 38, 77, 120, 146, 158
Krankheit 21, 88–90, 102, 125 f.
Krankheitsrisiko 29
Krebs(erkrankung) 29, 33, 35, 48, 84, 88, 93, 95 f., 100, 132, 157, 162
Krebsrisiko 93, 169

Krieg 12, 141
Krise(nzeiten) 13, 123, 130, 135, 138 f.
Kultur 78–81, 112, 120, 156, 166

L

»Learned Helplessness« 17
Lebenseinstellung 17, 23, 25, 34–36, 53
Lebensfreude 16, 42 f., 48, 94, 176
Lebenssinn 98, 107, 154, 175
LehrerInnen (Lehrkräfte) 46, 56, 63, 72–76, 83, 112, 141, 146 f., 157
Liebe 34, 39, 41–43, 45 f., 59, 65 f., 109, 139, 141

M

Medizin 13, 25, 105, 123–126, 129 f., 132, 136, 141–144, 146 f.
Medizinbetrieb 25
MentorInnen 32 f., 59, 72
Mimik 63, 69
Missbrauch 38, 110 f.
Miteinander 54, 70, 80, 111
Moleküle 22, 153
Moral (moralisch) 13, 38, 57, 105 f., 109–11, 116
»Moral Licensing« 110
Motivation 32, 48 f., 65, 68, 98, 103
Motivationssystem (siehe Belohungssystem)
Musik 21, 77–80
Mut 13, 108, 121, 167

N

Nationalismus 81
Nationalsozialismus 12
»natürliche Autorität« 73 f.
Natur 11–13, 15, 19, 40, 42, 58, 67, 83–85, 87, 95, 107, 109, 127, 134–139, 151, 153
Neurobiologie (neurobiologisch) 17, 42, 51 f., 106, 130, 133, 156, 158 f.
neurofibrilläre Degeneration (siehe Degeneration)
neuronale Resonanz 61, 63
neuronales Korrelat 52 f., 57, 69, 156, 159
neuronale Systeme 40
Neurowissenschaft (neurowissenschaftlich) 13 f., 25, 42, 29, 52, 58, 72, 75 f., 97, 105, 108, 112, 124, 126–129, 139, 141, 146, 159, 161, 169

P

Pädagogik 72 f., 163
Pandemie 12, 134 f., 138 f., 166
Partnerschaft 43 f., 83
Pharmaindustrie 25
Philosophie 13, 59, 77, 105, 125, 176
Philosoph(en) 13, 16, 28, 39, 59, 77, 81, 108 f., 117 f., 161, 170
posttraumatisches Wachstum 92, 94 f., 168
Potentialentfaltung 16, 173
Proteine 20, 23 f., 152 f.
PsychiaterInnen 17, 102, 112

psychische Erkrankungen 16, 23, 71, 107, 119, 151, 158
psychische Gesundheit 11, 17, 83, 119, 137
psychischer Stress 26, 37
PsychologInnen 16 f., 75, 90, 145
Psychotherapie 90–92, 102, 129 f., 144 f., 147
Psychosomatik (psychosomatisch) 13 f., 25, 95, 123 f., 142, 146 f.

R

Rassismus 22 f., 81
Rauchen 25, 27–29
Religion (religiös) 52 f., 60, 71, 74, 77, 80, 109
Repression 48, 111
Resonanz
- neuronale (siehe neuronale Resonanz)
- zwischenmenschliche 62

Resonanznervenzellen 63
Resonanzreaktion 63–66, 68
Ressourcen 12 f., 38, 49, 109 f., 119
Risikogene 28, 30, 32–34, 36 f., 88, 96, 100, 167

S

SARS-CoV2 80, 153
Säugling(e) 55, 67–69, 129
Schlaganfall 27, 29, 99, 132, 169
Schmerz 42, 44, 46 f., 49, 54, 62 f., 65, 75, 157–160
Schmerzsignal(e) 46
Schmerzsystem(e) 48, 63, 75, 162
Schule 31, 46, 72–77, 124, 146 f. 152
Schulmodell (siehe »Freiburger Modell«)
»Selbst«, das 35, 47, 52 f. 55–58, 60 f., 67–70, 87 f., 123 f., 126, 128–131, 134 f., 139, 155 f., 160 f., 173 f., 176
Selbstbild(er) 129, 159 f.
Selbsteinschätzung 52, 165
Selbstentfremdung 87 f.
Selbstheilungskräfte 88, 95 f.
Selbstnetzwerke 52 f., 55, 65, 67, 70, 127 f., 130 f., 155, 159 f., 164
Selbst(wert)gefühl 67, 108, 113, 160
»Self-Affirmation« 53, 58 f., 131
Selbstvertiefung (siehe »Self-Affirmation«
Sexualität 45
»Shared Networks« 63
Sinn 13, 27 f., 33–35, 91 f., 98, 104, 107, 154, 173–176
Sinn-geleitete(s)
- Grundhaltung 29 f., 34–36, 38, 53
- Leben 28, 33 f., 35, 38, 50 f., 61, 85, 88, 96, 109, 118 f., 121, 155, 173–175

»Social Genomics« 19, 29 f.
Solidarität 14, 39
Sozialdarwinismus 107 f.
soziale Isolation 24 f., 38, 43, 45, 98, 130, 158, 174
soziale Gerechtigkeit 50, 120

soziale Erfahrungen 21, 23 f., 46 f., 49, 58, 69, 131
Spiele (spielen) 15, 19–21, 39 f., 45 f., 56, 69–72, 80, 88, 164 f.
Spiegelnervenzellen 63
Sprache 47, 63 f., 158
Stirnhirn 24, 52 f., 69–71, 127 f., 131, 160, 164
Stress 21, 24 f., 27, 36–38, 69, 101, 173
Stressgen 24
Stressoren 21, 151
Suchtkrankheiten 23

T

»Theory of Mind« 52, 56, 160
Trauer 54
Trauma 44, 92, 101, 134, 162, 168
Tugend(en) 11, 34, 57, 107–110

U

Übergewicht 23, 93–95
Unsicherheit 12, 98

V

Veränderung(en) 11, 13, 23 f., 33, 37, 55, 58 f., 64, 71, 85, 93, 96, 119 f., 134, 138
Verbundenheit 42 f., 78, 112
Vernunft 81 f., 105, 119

W

Werte 12 f., 39, 53, 57–60, 109 f., 120, 131, 154, 162, 174
Wertschätzung 65, 80, 92, 164

Z

Zivilcourage 120 f.
Zusammenleben 11 f., 29, 34, 48, 50, 63, 66, 70, 80 f., 105 f., 112, 146
Zuwendung 43 f., 46, 49, 65, 73